D0913343

Entretiens
avec
Thérèse de Lisieux

Jacques Gauthier

Entretiens
avec
Thérèse de Lisieux

NOVALIS Bayard

Entretiens avec Thérèse de Lisieux
est publié par Novalis.

Couverture: photographie de Thérèse et reproduction d'un manuscrit autographe de Thérèse adressé à mère Marie de Gonzaque (12v-13r), Office Central de Lisieux.

Éditique: Christiane Lemire

© 2001: Novalis, Université Saint-Paul, Ottawa.

Dépôts légaux: 2ᵉ trimestre 2001

Bibliothèque nationale du Canada
Bibliothèque nationale du Québec

Novalis, C.P. 990, Ville Mont-Royal (Québec) H3P 3M8

Nous reconnaissons l'aide financière du gouvernement du Canada par l'entremise du Programme d'aide au développement de l'industrie de l'édition (PADIÉ) pour nos activités d'édition.

ISBN 2-89507-185-3 (Novalis)
ISBN 2-227-43917-3 (Bayard)

Imprimé au Canada

Données de catalogage avant publication (Canada)

Thérèse, de Lisieux, sainte, 1873-1897
    Entretiens avec Thérèse de Lisieux
    Publ. en collab. avec: Bayard Presse.
    ISBN 2-89507-185-3
    1. Thérèse, de Lisieux, sainte, 1873-1897. 2. Vie spirituelle - Église
catholique. 3. Vie chrétienne - Auteurs catholiques. I. Gauthier, Jacques,
1951-   . II. Titre.

BX4700.T5A25 2001b   282.'092   C2001-940519-7

NOVALIS   Bayard

À Gérald et Suzie,
pour le partage des mots
qui libèrent.

Je ne meurs pas, j'entre dans la vie
et tout ce que je ne puis vous dire ici~bas,
je vous le ferai comprendre du haut des Cieux.

Thérèse de Lisieux,
lettre du 9 juin 1897

Introduction

Encore un livre sur Thérèse de Lisieux, diront certains. Oui, mais ce-lui-ci n'est pas comme les autres. Il propose une série d'entretiens avec Thérèse, une longue conversation amicale qui prend la forme d'un dialogue. Je pose des questions à Thérèse, elle me «répond» à partir de ses écrits et de ses paroles. Le ton est spontané, le style, direct. Je lui donne la parole, et elle la prend en toute simplicité. La fidélité à ses textes est totale: je m'efface derrière eux. Je n'ai qu'à puiser dans ses mots comme un pêcheur de perles assuré de l'abon-dance de la récolte. Je plonge avec mes questions, je remonte avec ses réponses et je respire mieux, surtout lorsque les eaux semblent plus troubles, plus noires.

L'objectif de ce livre est de favoriser une rencontre personnelle, un contact intime, avec cette grande amoureuse de Jésus. C'est donc une invitation à mieux la connaître de l'intérieur. Elle-même nous donne rendez-vous par le message passionnant qu'est sa vie et l'ar-deur singulière qui se dégage de ses écrits. Le genre littéraire «entre-tien» permet cette proximité et cette complicité dans la relation.

Thérèse recherchait cette approche cordiale, propice aux confidences et au témoignage, en privilégiant le genre épistolaire. Toute sa vie elle a écrit des lettres pour mieux se dire et ainsi toucher les cœurs.

J'ai déjà publié deux livres sur la vie et le message de Thérèse. Le premier, *Toi, l'amour: Thérèse de Lisieux* (Éditions Anne Sigier), est une longue lettre écrite à la deuxième personne adressée à Thérèse. Le deuxième ouvrage, *Thérèse de l'Enfant-Jésus, docteur de l'Église* (Éditions Anne Sigier), est une étude où je dégage huit attitudes de sa spiritualité et cinq points de sa théologie. Ce livre-ci, *Entretiens avec Thérèse de Lisieux*, accorde une plus grande place aux textes de la jeune sainte en utilisant le dialogue comme procédé littéraire.

Pourquoi me livrer à ce genre d'exercice que l'on retrouve générale-ment au théâtre? Cela s'est imposé tout naturellement à moi. Il y a Thérèse, il y a moi, et nous dialoguons spontanément. En 1995, elle m'accordait une grâce d'abandon qui m'a fait sortir de la crise de la quarantaine. Depuis ce jour, cette petite sœur m'est devenue très familière dans ma quête du Christ. J'ai fait de nombreux séjours à Lisieux et donné plusieurs conférences. Thérèse occupe aujourd'hui une place bien particulière dans ma vie. Nous sommes ici dans l'or-dre de l'amitié et de la gratuité, donc de l'action de grâce. Cela ne s'explique pas, ça se vit. Je sais qu'elle m'accompagne sur une petite voie d'amour et de confiance sur laquelle je chemine avec mon épouse et nos quatre enfants. J'ai donc voulu donner à ce livre un ton qui nous la rende proche, malgré le siècle qui nous sépare. Son œuvre si populaire peut paraître difficile à plusieurs de mes contemporains, justement à cause de cette distance culturelle grandissante. Pour pallier cette difficulté, j'ai privilégié une approche thématique des textes de Thérèse.

Le livre est divisé en sept chapitres, autant d'entretiens où Thérèse parle, témoigne, prie, chante, s'explique sur les grands thèmes de sa vie. Au premier entretien, j'interroge Thérèse sur son rapport à l'écriture. Qu'entend-elle par «chanter les miséricordes du Seigneur»? Comment a-t-elle écrit ce livre, l'*Histoire d'une âme*, sans cesse réédité, vendu à des millions d'exemplaires, traduit en plus de soixante langues? Je ne m'attarderai pas ici à l'histoire de la composition de ce livre et à ses nombreuses éditions. Pour en savoir plus, je vous invite plutôt à lire l'explication stimulante de Conrad De Meester dans sa nouvelle édition critique de l'*Histoire d'une âme de Sainte Thérèse de Lisieux* (Carmel-Edit, 1999).

Les extraits des écrits autobiographiques de Thérèse que l'on trouvera ici sont tirés de l'édition critique du père De Meester. J'ai choisi de citer les extraits de la correspondance de Thérèse, de ses poésies, prières, récréations pieuses et derniers entretiens à partir des *Œuvres complètes*.

À la suite des travaux de Conrad De Meester, j'ai respecté le style spontané de Thérèse qui se manifeste, entre autres, par une utilisation irrégulière des majuscules et par une ponctuation inhabituelle. Ainsi, «bon Dieu» et «Bon Dieu» peuvent se retrouver dans une même phrase. Les mots soulignés l'ont été par Thérèse elle-même dans ses écrits. Pour alléger la lecture, les références exactes aux textes et aux paroles de Thérèse se retrouvent à la fin de cet ouvrage (p. 134).

Revenons au plan du livre. Après l'entretien sur les rapports de Thérèse avec l'écriture, j'aborde dans les chapitres suivants les grands axes des écrits thérésiens: la confiance, l'abandon, Jésus, la prière, la souffrance, l'amour. Ces mots se greffent aux six entretiens: la petite voie de sainteté (confiance), l'espérance en la miséricorde (aban-don), le désir qui fait vivre (Jésus), le cœur à cœur quotidien (prière), la nuit de la foi (souffrance), le cœur de l'Église (amour). Je termine ce dialogue par une prière trinitaire adressée à Thérèse, qui résume les entretiens précédents.

Je tiens à remercier tout particulièrement Josée Latulippe pour les corrections apportées au manuscrit, Christiane Lemire qui a réalisé la couverture et mon épouse Anne-Marie, avec qui je marche sur la «petite voie» de Thérèse depuis plus de vingt ans. Ces trois femmes ont contribué, chacune à sa façon, à la naissance de ce livre.

Avant de commencer notre échange avec cette grande sainte, voici une brève présentation du «mystère» Thérèse.

Le secret de Thérèse: vivre d'amour

Quel est donc le secret de cette jeune Normande, inconnue de son vivant, qui n'a laissé que des écrits épars rassemblés dans un livre, l'*Histoire d'une âme*? Une de ses compagnes, sœur Saint-Vincent-de-Paul, n'avait-elle pas déclaré: «Je me demande vraiment ce que notre Mère en pourra dire après sa mort. Elle sera bien embarrassée, car cette petite sœur tout aimable qu'elle est, n'a pour sûr rien fait qui vaille la peine d'être raconté» (*Histoire d'une âme*, 1907, p. 232). Et pourtant, quel ouragan de gloire depuis un siècle!

La petite sœur universelle

Comment expliquer le rayonnement de celle que Pie X nomma «la plus grande sainte des temps modernes»? Née à Alençon le 2 janvier 1873, victime de la tuberculose au carmel de Lisieux à vingt-quatre ans, contemporaine de Marx, Nietzsche, Rimbaud, Van Gogh, elle est probablement la Française la plus connue à travers le monde. Le philosophe Emmanuel Mounier dira qu'elle est «une ruse de l'Esprit Saint». Elle brûle ceux qui s'approchent d'elle avec un cœur sincère, en commençant par les papes du XXe siècle, et des gens aussi différents que Bergson, Bernanos, Piaf, Guitton, des mystiques comme

Élizabeth de la Trinité, Maximilien Kolbe, Édith Stein, Marcel Van, Marthe Robin, mère Teresa et tant d'autres. Quiconque suit sa «petite voie» de confiance en Dieu s'expose à devenir incandescent.

Elle avait dit qu'après sa mort tout le monde l'aimerait. En effet, qui ne l'aime pas? On lui a consacré des milliers de livres, réalisé des films sur sa vie, des vidéos, des disques compacts de ses poèmes, des sites Internet. Plus de 1 800 églises à travers le monde portent son nom. Alors qu'une cinquantaine de personnes seulement sont présentes à son inhumation au cimetière de Lisieux le 4 octobre 1897, 500 000 assisteront à sa canonisation à Rome le 17 mai 1925. Elle sera déclarée patronne des missions deux années plus tard, alors qu'elle n'a jamais quitté son cloître. Nommée patronne secondaire de la France en 1944, avec Jeanne d'Arc, elle n'a pas fini de nous étonner.

Elle n'a ni diplôme ni compétence particulière, mais Jean-Paul II la déclare trente-troisième docteur de l'Église en octobre 1997, la troisième femme après Catherine de Sienne et Thérèse d'Avila. Elle est la plus jeune docteur de l'Église et la plus proche de nous dans le temps. Quel paradoxe de voir cette jeune femme, qui a toujours voulu rester dans l'ombre et préféré suivre une petite voie de confiance et d'amour au quotidien, s'asseoir à la même table que les grands philosophes et théologiens que sont Augustin, Grégoire, Hilaire, Anselme, Bernard, Bonaventure, Thomas d'Aquin, Alphonse de Liguori, Jean de la Croix, François de Sales...

Qui est donc celle qui demanda que nous l'appelions familièrement «la petite Thérèse», même si elle était en taille la plus grande des sœurs Martin? Elle aspirait aux rêves les plus fous, était remplie de désirs pour son Jésus, voulait parcourir la terre pour annoncer l'Évangile et témoigner de la miséricorde divine. N'est-ce pas ce qu'elle réalise aujourd'hui par l'incroyable périple de ses reliques à travers le monde? À l'automne 2001, c'est au tour du Canada de vénérer ses restes mortels.

Il existe d'ailleurs un lien étroit entre Thérèse et le Canada, d'abord par les ancêtres normands qui ont défriché et peuplé cette Nouvelle-France. Thérèse écrivit souvent le mot «Canada» sur les lettres qu'elle envoya au père Pichon, son accompagnateur spirituel qui œuvrait au Québec pendant qu'elle était au carmel. On peut penser qu'elle pria d'une façon spéciale pour les œuvres du père Pichon au Québec. L'abbé Eugène Prévost, prêtre canadien, présenta l'*Histoire d'une âme* à Pie X et propagea la dévotion à la Sainte Face telle que vécue par la jeune sainte. De plus, c'est un Oblat de Marie Immaculée canadien, Mgr Ovide Charlebois, qui fit parvenir à Rome une requête, signée par plus de deux cents évêques missionnaires de partout dans le monde, pour que Thérèse soit déclarée patronne des missions.

Le mystère d'une vie donnée

On a beau poser toutes les questions à propos de Thérèse, son mystère reste entier. Elle n'est pas un simple sujet littéraire que l'on confine à un objet d'étude ou que l'on réduit à des grilles d'analyse. On a beau écrire quantité de livres sur son message, nous n'avons jamais fini d'en faire le tour. Peut-il en être autrement? «Tout homme est une histoire sacrée», écrivait le poète Patrice de La Tour du Pin. Le langage est bien limité pour décrypter le mystère qu'est une vie humaine. En chaque personne qui meurt, un manuscrit reste caché. Thérèse savait que ses paroles et ses écrits ne pouvaient dévoiler totalement le secret qui l'habitait. «Il est de ces choses qui perdent leur parfum dès qu'elles sont exposées à l'air, il est des <u>pensées de l'âme</u> qui ne peuvent se traduire en langage de la terre sans perdre leur sens intime et Céleste.» J'ajouterais qu'il y a des amandes que l'on ne peut goûter qu'après en avoir percé le noyau, qu'il faut dépasser l'écorce, l'emballage, les clichés, pour atteindre le fruit.

Thérèse surgit toujours là où on ne l'attend pas. Elle défie les frontières, les paradoxes, les antinomies, les images. Toujours hors normes, elle résiste à l'usage et bouscule les bien-pensants. Plusieurs sont agacés par l'attention accordée à la petite sainte aux roses! Les clichés ne datent pas d'hier. On lui reproche d'être d'une famille bourgeoise (alors qu'elle est dépossédée de tout et d'elle-même), d'être névrosée (alors qu'elle atteindra une grande maturité humaine et spirituelle), d'être mièvre et romantique (alors qu'elle est de son époque et que son style rejoint sa vie toute simple), d'être à l'eau de rose (alors qu'elle est énergique, espérant contre toute espérance, vivant les dix-huit derniers mois de sa vie dans la nuit du néant), d'être surprotégée (alors qu'elle n'est entrée au carmel à quinze ans que pour Jésus et qu'elle mourra de tuberculose dans de grandes douleurs physiques et spirituelles), d'être inaccessible (alors que sa «petite voie» de la confiance et de la sainteté est pour tous), d'être trop parfaite (alors qu'elle supporte avec douceur ses imperfections et que sa faiblesse seule lui donne l'audace de s'offrir à l'amour miséricordieux), d'avoir été exaltée par ses sœurs (alors qu'aucune n'aurait pu prévoir ou penser qu'elle serait canonisée un jour et que le monde se l'approprierait avec autant d'ardeur).

Thérèse se révèle en toute simplicité à travers ses écrits et ses photos authentiques, qui nous sont maintenant offerts sans artifices. Simplicité et profondeur vont de pair ici. Sa «petite voie» d'émerveillement se retrouve aussi dans son écriture dépouillée qui veut rendre compte du «vrai de la vie». Nous pouvons la lire sans trop de difficulté, même si son époque et sa sensibilité diffèrent de la nôtre. Son langage est imagé, son style est simple, sans être simpliste. Elle écrit comme elle vit. Elle se raconte par images, presque en plans cinématographiques. Ses textes sont plus intuitifs que didactiques. Elle n'a jamais voulu faire une œuvre, n'écrivant qu'au gré des circonstances le désir qui l'habitait, à la demande de ses sœurs. Sa vie est son message, son existence est théologique. Il n'y a rien de systématique dans ses écrits, pas de traité spirituel, encore moins d'argumentations philosophiques ou théologiques, seulement des synthèses dispersées dans près de huit cents pages de texte.

Mystique et comique

La vie de Thérèse est traversée de bord en bord par l'amour qui se manifeste non pas dans les extases et les grandes mortifications mais dans les petites choses du quotidien, ces «riens» qui font plaisir à Jésus et font «sourire l'Église». Thérèse est mystique parce qu'elle est ouverte au mystère, qu'elle recherche la volonté de Dieu comme son bien le plus précieux, qu'elle veut s'unir au Christ en s'abandonnant sans crainte à son amour miséricordieux. Thérèse ne s'évade pas dans une mystique désincarnée. Au contraire, cette mystique du don et de la confiance s'enracine dans chaque petite chose du quotidien. «Ramasser une épingle par amour peut convertir une âme [...] c'est Jésus qui peut seul donner un tel prix à nos actions.»

Cette vie d'amour en fut une de grande souffrance, ce qui nous la rend encore plus attachante. Peut-il en être autrement lorsqu'on est hypersensible et lucide envers soi-même? Thérèse a vécu son lot de ruptures, de maladies, d'incompréhensions: mise en nourrice après sa naissance, mort de sa mère à quatre ans et demi, abandon de ses deux sœurs aînées qui entrent au carmel, étrange maladie à l'âge de dix ans, scrupules, maladie mentale de son père lorsqu'elle est carmélite, souffrances causées par le froid et les indélicatesses de ses sœurs, désert intérieur, nuit de la foi et de l'espérance, tuberculose. Pourtant, elle ne se complaît pas dans la souffrance; c'est l'amour seul qui l'intéresse. «Je veux souffrir par amour et même jouir par amour.» Elle développe une spiritualité du sourire, à l'image de la Vierge Marie qui l'a guérie par un sourire lorsqu'elle avait dix ans. Elle se réjouit au lieu de s'affliger de son sort, résistant contre tout ce qui détruit la joie, surtout la joie d'aimer Jésus et de le faire aimer jusque dans l'éternité. N'a-t-elle pas dit qu'elle voulait passer son ciel à faire du bien sur la terre?

Sœur Marie des Anges, son ancienne maîtresse des novices, ne s'est pas trompée lorsqu'elle trace un court portrait d'elle. Ce billet savoureux en dit assez long sur le travail de la grâce, sur le chemin parcouru en si peu d'années — Thérèse a vingt ans —, sur son équilibre, signe d'une âme en santé: «Grande et forte avec un air d'enfant, un son de voix, une expression idem, voilant en elle une sagesse, une perfection, une perspicacité de cinquante ans... Mystique, comique, tout lui va... elle saura vous faire pleurer de dévotion et tout aussi bien vous faire pâmer de rire en nos récréations» (*Œuvres complètes*, p. 43-44).

Mystique et comique, oui, parce que tout orientée à la joie et à la beauté. C'est une femme passionnée qui va son chemin avec détermination et humour. Thérèse ressent très jeune qu'elle est née pour la gloire. Enfant, elle joue surtout à la corde à danser, jardine aux Buissonnets, court avec son chien Tom. Elle s'invente des histoires avec sa sœur Céline, va à la pêche avec son père, se passionne pour la nature (oiseaux, fleurs, mer). Au carmel, elle peint des images religieuses, écrit, à la demande de ses sœurs, de nombreuses lettres, des poésies et les manuscrits qui deviendront son *Histoire d'une âme*. Elle met en scène des récréations pieuses, petites pièces de théâtre à l'intention de la communauté. Elle jouera elle-même plusieurs personnages, dont sa chère Jeanne d'Arc. Durant les récréations, elle imite la façon de parler des gens du pays, non pour se moquer, mais pour divertir ses sœurs. Sa mystique consistera toujours à s'oublier pour faire plaisir, même si elle vit à l'intérieur d'elle-même une nuit de la foi qui l'ouvre au monde des incroyants, qu'elle appelle affectueusement ses frères.

Elle découvre une «petite voie» qui lui permet, non pas de gravir la montagne de la perfection, mais de prendre l'ascenseur de l'amour que sont les bras de Jésus. Elle ne peut craindre un Dieu qui s'est fait si petit. Elle s'abandonne en Dieu comme un enfant s'endort dans les bras de son père. Il n'y a aucun mérite, aucun effort, aucun moyen extraordinaire, seulement l'abandon. La vie ordinaire devient alors le lieu de la sainteté, et la souffrance, l'occasion d'une visite possible de Dieu. La reconnaissance de sa petitesse n'est qu'un moyen pour arriver là où elle aspire: vivre d'amour en Jésus.

La science d'amour

Thérèse n'emploie pas le mot «théologie» dans ses écrits. La seule science à laquelle elle aspire est la science des saints: l'amour. «La science d'Amour, oh oui! cette parole résonne doucement à l'oreille de mon âme, je ne désire que cette science-là.» Jean-Paul II a repris l'expression «la science de l'amour divin» dans le titre de sa lettre apostolique, *Divini amoris scientia*, à l'occasion de la proclamation du doctorat de Thérèse le 19 octobre 1997. Le pape montre que «Thérèse est une Maîtresse pour notre temps, assoiffé de paroles vivantes et essentielles, de témoignages héroïques et crédibles» (*Osservatore Romano*, n° 42, 21 octobre 1997, p. 5).

Thérèse n'a rien fait de spécial, sauf aimer. Elle écrit du carmel, en juillet 1890, à sa cousine Marie Guérin: «Aimer, comme notre cœur est bien fait pour cela!... Parfois je cherche un autre mot pour exprimer l'amour, mais sur la terre d'exil les paroles sont impuissantes à rendre toutes les vibrations de l'âme, aussi il faut s'en tenir à ce mot unique: "Aimer!" [...] Il n'y a qu'un être qui puisse comprendre la profondeur de ce mot: Aimer!... Il n'y a que notre Jésus qui sache nous rendre infiniment plus que nous lui donnons...»

L'objet de son amour est Jésus. Elle lui parle comme à un ami. C'est lui qui aime en elle. «Jamais je ne pourrais aimer mes sœurs comme vous les aimez, si vous-même, ô mon Jésus, ne les aimiez encore en moi.» En septembre 1896, elle s'écrie, comme si ses paroles étaient brûlées de l'intérieur: «Ô Jésus, mon Amour... ma Vocation, enfin je l'ai trouvée, MA VOCATION, C'EST L'AMOUR!... Dans le Cœur de l'Église, ma Mère, je serai l'AMOUR... ainsi je serai tout... ainsi mon rêve sera réalisé!» C'est la plus belle définition que Thérèse donne d'elle-même: être l'amour. Voilà le cœur de sa vie et de son message. Six mois avant sa mort, elle écrit: «Je désirerai au Ciel la même chose que sur la terre: Aimer Jésus et le faire aimer.»

Cet amour est contagieux. Il a un nom: «Que me font la mort ou la vie? / Jésus, ma joie, c'est de t'aimer!» Il a aussi un visage: «Ta Face est ma seule Patrie / Elle est mon Royaume d'amour / Elle est ma riante Prairie.» L'avant-dernière strophe de cette poésie annonce sa mission posthume, conduire les cœurs à Jésus: «Ta Face est ma seule richesse / Je ne demande rien de plus / En elle me cachant sans cesse / Je te ressemblerai, Jésus... / Laisse en moi la Divine empreinte / De tes Traits remplis de douceurs / Et bientôt, je deviendrai sainte / Vers toi j'attirerai les cœurs.»

Pour Thérèse, il n'y a pas de raisons de désespérer, même dans les angoisses et les doutes les plus tenaces: «Ma folie à moi c'est d'espérer.» Se sachant aimée de Jésus, étant «trop petite pour faire de grandes choses», elle lui offre sa petitesse, sa faiblesse, son impuissance à aimer. En cela, elle a le génie de l'amoureuse qui consiste à recevoir tout l'amour qu'il y a dans le cœur du Christ. Elle lui demande sans cesse de disposer de sa liberté, uniquement pour lui faire plaisir, ainsi sa joie est complète. «Ma seule joie sur cette terre / C'est de pouvoir te réjouir.»

Cet amour s'abaisse pour mieux élever les autres, à la manière du Dieu fait homme qui mendie notre «oui». C'est un amour émerveillé qui ne cherche que la vérité, un amour qui fait sans effort ce qui demande de l'effort, un amour qui voit la vie comme un acte et une œuvre d'amour, un amour qui s'abandonne en toute confiance, un amour qui rend libre et ouvre les tombeaux sur un horizon de résurrection. Avec un tel amour au cœur, Thérèse désire être missionnaire. Elle étanche sa soif d'évangélisation en se donnant sans compter, ne voulant vivre que d'amour en compagnie de Jésus: «À des amants, il faut la solitude / Un cœur à cœur qui dure nuit et jour / Ton seul regard fait ma béatitude / Je vis d'Amour!» Une parole de Jean de la Croix, développée dans son *Cantique spirituel*, lui sert de devise: «L'Amour ne se paie que par l'Amour.»

La science d'amour se vérifie au creuset de la souffrance, où les preuves tombent comme des mouches dans le brasier de l'épreuve. La prière devient union transformante au plus creux d'une nuit du néant: «Je demande à Jésus de m'attirer dans les flammes de son amour, de m'unir si étroitement à Lui, qu'Il vive et agisse en moi.» Or, le Jésus de Thérèse n'est pas seulement l'enfant de la crèche, mais aussi le crucifié du Calvaire. Ce Christ qui sauve et qui s'abandonne au Père, elle le porte dans son nom de religieuse: Thérèse de l'Enfant-Jésus et de la Sainte Face.

L'amour du Christ est un feu dévorant qui va consumer les dix-huit derniers mois de sa vie, la configurant au grand cri qui s'amplifie depuis tant de siècles: «Mon Dieu, mon Dieu, pourquoi m'as-tu abandonné»? Face au pseudo-silence de Dieu, elle répète avec Jésus: «Père, je remets mon âme entre tes mains.» Elle s'avance dans un sombre tunnel où d'épais brouillards lui voilent le ciel. «Aux jours si joyeux du temps pascal, Jésus m'a fait sentir qu'il y a véritablement des âmes qui n'ont pas la foi [...] Il permit que mon âme fût envahie des plus épaisses ténèbres et que la pensée du Ciel si douce pour moi ne soit plus qu'un sujet de combat et de tourment.» Elle chante ce qu'elle veut croire, car elle ne sent plus rien. Elle écrit le Credo avec son sang et le met dans l'Évangile qu'elle porte toujours sur elle. Elle restera fidèle jusqu'à la fin, joyeuse de souffrir par amour avec ce Christ qui se cache, fixant «l'invisible lumière qui se dérobe à sa foi».

Thérèse comprend par expérience que l'amour infini du Dieu Père, Fils et Esprit se complaît surtout dans ce qui est petit, faible, délaissé, éprouvé. Sa voie est marquée par cette présence en elle de l'amour trinitaire. Elle sait que la plus grande joie que l'on puisse faire à Dieu-Trinité est de se laisser aimer par lui, puisqu'il n'est qu'Amour, relation de personne à personne, et que c'est dans la nature même de l'amour de se donner et d'être reçu, de se répandre et de rayonner.

«L'amour n'est pas aimé», disait François d'Assise. Trop peu de gens reçoivent les flots de tendresse jaillissant du cœur de Dieu. Ainsi, Thérèse s'offre à la miséricorde divine, suppliant Dieu de la consumer sans cesse: «laissant déborder en mon âme les flots de tendresse infinie qui sont renfermés en vous et qu'ainsi je devienne Martyre de votre Amour, ô mon Dieu!» Son désir sera exaucé.

Pourquoi Thérèse aujourd'hui?

La mort précoce de Thérèse, ses écrits largement diffusés, sa petite voie de sainteté, ses nombreux prodiges après sa mort l'ont rendue célèbre. Mais cela n'explique pas son succès depuis un siècle. Voilà certes un signe de l'humour de Dieu qui bouleverse nos façons parfois trop adultes de penser la spiritualité et la théologie. «Ce qu'il y a de fou dans le monde, voilà ce que Dieu a choisi pour confondre les sages; ce qu'il y a de faible dans le monde, voilà ce que Dieu a choisi pour confondre ce qui est fort» (1 Corinthiens 1, 27). Thérèse aimait beaucoup cette parole de saint Paul. Le 1er novembre 1896, elle confie au père Roulland que le Seigneur l'a choisie pour partager ses travaux apostoliques, car il «se sert des instruments les plus faibles pour opérer des merveilles».

Pie XI affirmait, le 11 février 1923, que Thérèse était une «parole de Dieu» pour notre temps. Le 19 octobre 1997, Jean-Paul II disait qu'elle était devenue une «icône vivante de Dieu», car elle est l'amour, à la suite de Jésus. Sa vie, qui est son message, rejoint l'essentiel de toute vie humaine: l'amour. Thérèse répond à cette aspiration fondamentale qu'est le désir d'aimer. Imprévisible comme l'Esprit Saint, elle touche aux besoins secrets de nos sociétés. Aussi, des gens de toutes les conditions et de tous les pays se reconnaissent spontanément en elle. On la perçoit comme vivante, proche, présente, agissante. Elle est l'une des nôtres, elle nous rapproche du Dieu d'amour et vient combler notre besoin de fête, d'harmonie, d'éternité. D'autres raisons peuvent aussi expliquer son attraction.

L'authenticité. Sa vie toute simple est criante d'authenticité. C'est ce qui frappe lorsqu'on lit ses textes; ça sonne juste, malgré le décalage d'un siècle. On pressent que c'est vrai. On se retrouve en face d'un témoin qui parle d'expérience avec une grande liberté. Sa parole est vraie; elle libère. Si Thérèse est tellement appréciée, comme bien des mystiques, c'est parce qu'elle témoigne de son expérience. Ce qu'elle raconte, elle l'a vécu. «Je comprends et je sais par expérience "Que le Royaume de Dieu est au-dedans de nous".»

L'enfance. Tout au long de sa vie brève mais si dense, Thérèse a su garder son âme d'enfant. C'est ce qui charme le plus chez elle, cette sorte de fraîcheur d'être, d'énergie dans l'action, de pureté dans le regard, de sourire dans la vie, d'émerveillement face au moment présent. Elle reste neuve et intacte devant la vie qui comporte pourtant son lot de souffrances. Elle semble toujours prête à s'envoler. En ces temps si sérieux et tourmentés, où des jeunes et des adultes aigris s'inquiètent de l'avenir, Thérèse propose l'antidote de l'enfance, «rien que pour aujourd'hui».

La simplicité. Cela va de pair avec l'enfance. Tout est si simple avec Thérèse. Il s'agit d'accueillir l'instant comme un don. «La vie c'est un trésor... chaque instant c'est une <u>éternité</u>.» Sa petite voie est simple et profonde. En l'empruntant, on a l'impression d'être compris, accueilli, aimé. La petitesse de Thérèse est sa grandeur. Elle n'a rien à prouver à personne et ne cherche pas à épater la galerie. Cela est très reposant de nos jours où l'on doit sans cesse faire ses preuves, où l'on mise tellement sur la performance, la compétition, la consommation, la vitesse.

La confiance. Thérèse déjoue le scepticisme et le relativisme de ce siècle médiatique en lançant la liberté sur les routes de la confiance.

Son pas est léger, car elle est l'amour en route. Sa grandeur réside dans l'acceptation de sa finitude, de ses limites. Dans ce monde en proie à tant de peurs et de suspicions, elle ne cesse de nous exhorter à tout miser sur la confiance en soi, en les autres et en Dieu. «C'est la confiance et rien que la confiance qui doit nous conduire à l'Amour.»

L'espérance. Solidaire de notre humanité, Thérèse insuffle une joyeuse espérance là où il y a toutes les raisons de s'affliger. Sa mission pour ce nouveau siècle, où tant de nos contemporains vivent une quête de sens, en sera une d'espérance. Mais espérance en quoi? En la miséricorde divine. C'est ce qui plaît à Dieu: «l'espérance aveugle que j'ai en sa miséricorde». Elle ajoute: «Plus on est faible, sans désirs, ni vertus, plus on est propre aux opérations de cet Amour consumant et transformant.»

L'abandon. Mot-clef de Thérèse, bien avant que les psychologues se mettent à parler de lâcher prise. L'abandon, c'est sa loi, son pain, sa façon d'être, son style de vie, en accord avec ce qu'elle est et ce qu'elle vit au plus intime de son être. Son abandon, c'est de tout jeter dans le brasier de l'amour miséricordieux, surtout les imperfections. En bonne chansonnière, elle en a fait un poème: «L'abandon est le fruit délicieux de l'Amour.» Et aimer, pour elle, «c'est tout donner et se donner soi-même».

La miséricorde. C'est le nom de l'amour qui s'abaisse pour nous élever. C'est Dieu qui prend plaisir à pardonner. La vocation de la petite Thérèse était de nous le montrer par sa vie. «À moi Il a donné sa Miséricorde infinie et c'est à travers elle que je contemple et adore les autres perfections Divines... Alors toutes m'apparaissent rayonnantes d'amour, la Justice même (et peut-être encore plus que toute autre) me semble revêtue d'<u>amour</u>.» Thérèse est près de nous, car elle voit Dieu proche de nous dans sa miséricorde. Elle nous invite à résister au mal par cette faculté de s'abandonner en toute confiance en l'amour gratuit de Dieu Père, Fils et Esprit.

Jésus. Ce mot résume tout ce qui a été dit précédemment. Jésus, son ciel à elle, le Verbe fait chair, qui l'inspire à ne rien faire d'extra-ordinaire mais à tout faire par amour dans l'ordinaire des jours. Jésus, le Fils de Dieu, qui la fait sortir d'elle-même pour qu'elle devienne un peu plus lui. Jésus, qui lui donne sa soif des pécheurs, ses frères. Jésus, son chemin de bonheur, son feu de joie, son amour jusqu'à en mourir. «Toi seul, ô Jésus! pus contenter une âme / Qui jusqu'à l'infini avait besoin d'aimer.»

Thérèse de l'Enfant-Jésus et de la Sainte Face, la grande amoureuse de Jésus, ouverte à l'inattendu de l'Esprit, nous a précédés dans la vie. Elle écrivait à l'abbé Bellière le 9 juin 1897: «Je ne meurs pas, j'entre dans la vie et tout ce que je ne puis vous dire ici-bas, je vous le ferai comprendre du haut des Cieux.» Elle n'a pas fini de rayonner et de nous faire connaître le Christ. Cette prière de Jésus, reprise à l'évangile de la messe de Thérèse le 1er octobre, prend ici tout son sens: «Père, Seigneur du ciel et de la terre, je proclame ta louange: ce que tu as caché aux sages et aux savants, tu l'as révélé aux tout-petits» (Matthieu 11, 25).

Heureux ceux qui osent s'aventurer du côté de sa folie d'espérer et de sa science d'amour, ils ne seront pas déçus! Heureux ceux qui ont assez de simplicité pour se laisser apprivoiser par sa petite voie d'enfance, l'amour et la joie habiteront leur maison pour toujours! Heureux ceux qui dialoguent avec Thérèse dans l'amour passionné du Dieu-Trinité, ils entreront dans la Vie!

Chanter les miséricordes du Seigneur: l'écriture

Je n'écris pas pour faire une œuvre littéraire mais par obéissance.

Janvier 1895, un soir au carmel de Lisieux. Lors d'une récréation, toi, Thérèse, qui viens d'avoir vingt-deux ans, tu évoques avec charme quelques traits de ton enfance devant tes sœurs de sang, mère Agnès (Pauline), qui est prieure, et Marie du Sacré-Cœur (Marie). Elles prennent plaisir à t'écouter. Marie pressent que tu ne resteras pas longtemps sur terre. Elle demande à Pauline de t'ordonner d'écrire tes souvenirs d'enfance. Tu acceptes et écriras par obéissance durant cette année 1895 ce qui deviendra le Manuscrit A (Agnès), les huit premiers chapitres de l'*Histoire d'une âme*. Tu vas donc en quelque sorte écrire tes mémoires, pour ta sœur qui est aussi ta prieure.

As-tu commencé à écrire tout de suite?

Avant de prendre la plume, je me suis agenouillée devant la statue de Marie [...] je l'ai suppliée de guider ma main afin que je ne trace pas une seule ligne qui ne lui soit agréable. Ensuite ouvrant le Saint Évangile, mes yeux sont tombés sur ces mots: – «Jésus étant monté sur une montagne, il appela à Lui ceux qu'il <u>lui plut</u>; et ils vinrent à Lui» (St Marc, chap. III, v. 13). Voilà bien le mystère de ma vocation, de ma vie tout entière et surtout le mystère des privilèges de Jésus sur mon âme... Il n'appelle pas ceux qui en sont dignes, mais ceux qu'il lui <u>plaît</u>.

Au début, donc, tu crains que le fait d'écrire dissipe ton cœur. Tu ne veux pas perdre ton temps à trop te regarder, mais tu as l'intuition que c'est ce que tu dois faire, non seulement parce qu'on te le demande, mais surtout parce que tu sens de l'intérieur que c'est ce que Jésus veut, puisque ça lui plaît. Ce qui t'intéresse, c'est de faire plaisir aux autres et de percevoir dans ta conscience la présence de ce Jésus à qui tu veux être agréable en tout. Tu ne raconteras pas seulement quelques anecdotes mais bien l'histoire de ton âme.

Je ne vais faire qu'une seule chose: Commencer à chanter ce que je dois redire éternellement – «Les Miséricordes du Seigneur!»

Tu inventes donc un nouveau genre littéraire: chanter les miséricordes du Seigneur. Cela dépasse le simple récit de vie, n'est-ce pas? S'il y a récit, c'est celui de l'action de Dieu en toi. Tu la racontes à partir du présent pour mieux y discerner sa présence d'amour dans ton passé.

Ce n'est donc pas ma vie proprement dite que je vais écrire, ce sont mes <u>pensées</u> sur les grâces que le Bon Dieu a daigné m'accorder. Je me trouve à une époque de mon existence où je puis jeter un regard sur le passé.

En effet, tu as vingt-deux ans, dont sept années de vie carmélitaine. Ton regard de contemplative s'est affiné au fil des années. Tu as maintenant une grande maturité humaine et spirituelle.

Mon âme s'est mûrie dans le creuset des épreuves extérieures et intérieures.

Tu peux donc jeter un regard sur ton passé à travers le miroir des grâces reçues. Ces grâces illuminent tes pensées. Tu te vois comme Dieu te voit, avec amour. Tu mettras environ un an à rédiger ce manuscrit en faisant un retour sur des faits qui ont déjà eu lieu. Tu écris pendant tes temps libres, surtout le soir dans ta cellule, assise sur un petit banc, tenant une écritoire sur tes genoux.

Je vais parler avec abandon, sans m'inquiéter ni du style ni des nombreuses digressions que je vais faire.

Il est vrai que tu ne te préoccupes pas d'écrire un livre avec tout ce que cela implique: plan précis, esthétique formelle, travail d'écriture. Par contre, tu es une bonne conteuse; c'était ta force à l'école, malgré les fautes d'orthographe qui te laissaient peu de répit.

Je réussissais très bien dans mes études, presque toujours j'étais la première, mes plus grands succès étaient l'histoire et le style. Toutes mes maîtresses me regardaient comme une élève très intelligente, il n'en était pas de

même chez mon Oncle où je passais pour une petite
ignorante, bonne et douce, ayant un jugement droit,
mais incapable et maladroite... Je ne suis pas surprise
de cette opinion que mon Oncle et ma Tante avaient
et ont sans doute encore de moi, je ne parlais presque
pas étant très timide; lorsque j'écrivais, mon <u>écriture</u>
de <u>chat</u> et mon orthographe qui n'est rien moins que
naturelle n'étaient pas faites pour <u>séduire</u>.

Tu ne retravailles pas tes textes, d'ailleurs on ne publiera rien de toi
de ton vivant. D'autres s'en chargeront en corrigeant ici et là tes
manuscrits, surtout la ponctuation et les fautes d'orthographe, en
vue d'une publication. Tu n'as jamais voulu faire une œuvre littéraire; ta vie est ton œuvre. Tu écris en témoin qui a vu.

Je regarde cela comme une grâce.

C'est un peu ta marque de commerce de tout voir comme une grâce.
Tu le diras plus tard, sur ton lit de mort: «Tout est grâce.» Tu ne
cesses de rendre grâces. N'oublions pas que tu regardes avec ton
œil de carmélite ce que tu as vécu depuis ta naissance: Alençon, ta
mère, ton père, tes sœurs, les Buissonnets, l'abbaye des bénédicti-
nes, ta guérison, la grâce de Noël, le voyage à Rome, l'entrée au
carmel, les premières années de ta vie religieuse. Quelles sont les
étapes marquantes de ta vie?

Dans l'histoire de mon âme jusqu'à mon entrée au
Carmel je distingue trois périodes bien distinctes; la
première malgré sa courte durée n'est pas la moins
féconde en souvenirs, elle s'étend depuis le réveil de

ma raison jusqu'au départ de notre Mère chérie pour la patrie des Cieux.

C'est à partir de cette époque de ma vie qu'il me fallut entrer dans la seconde période de mon existence, la plus douloureuse des trois, surtout depuis l'entrée au Carmel de celle que j'avais choisie pour ma seconde «Maman». Cette période s'étend depuis l'âge de quatre ans et demi jusqu'à celui de ma quatorzième année, époque où je retrouvai mon caractère d'enfant tout en entrant dans le sérieux de la vie.

En cette nuit de lumière [grâce de Noël] commença la troisième période de ma vie, la plus belle de toutes, la plus remplie des grâces du Ciel.

Le *Manuscrit A* me semble être un album de famille destiné à mère Agnès et à tes sœurs, non au public, d'où les nombreux détails enfantins. Tu deviens lectrice de ton enfance en l'écrivant simplement, sans artifices, avec cette pauvreté littéraire qui ne te distrait pas de ton grand amour: Jésus. Ton écriture en est une du regard.

Je ne réfléchis pas avant d'écrire, et je le fais en tant de fois différentes, à cause de mon peu de temps libre, que mon récit vous paraîtra peut-être ennuyeux.

Tu as peut-être trop de choses à dire, et comme tu es une conteuse dans l'âme, tu veux aller à l'essentiel. Cela crée une intimité, non seulement avec mère Agnès, mais avec les lecteurs et lectrices d'hier, d'aujourd'hui et de demain.

Tout ce que je viens d'écrire en peu de mots demande-
rait bien des pages de détails, mais ces pages ne se
liront jamais sur la terre.

En effet, ton histoire, comme celle de toute personne, ne peut se lire
vraiment que dans l'éternité. Notre monde intérieur est trop vaste
pour en faire le tour ici-bas. Qui peut tarir la source cachée au plus
intime de l'âme où Dieu demeure? Tu y puises ta joie, car ce ne sont
pas les lieux qu'on habite, mais son âme.

Ah! je l'ai bien senti, la joie ne se trouve pas dans les
objets qui nous entourent, elle se trouve au plus
intime de l'âme, on peut aussi bien la posséder dans
une prison que dans un palais; la preuve, c'est que je
suis plus heureuse au Carmel, même au milieu des
épreuves intérieures et extérieures, que dans le monde
entourée des commodités de la vie et surtout des
douceurs du foyer paternel!

Le 20 janvier 1896, tu remets à mère Agnès six petits cahiers reliés
entre eux par un ruban rouge. Mission accomplie! Mère Agnès lira
plus tard ce précieux manuscrit. Tu n'y penses plus. Le 3 avril 1896,
tu craches du sang. La tuberculose fait son œuvre. Commence au
même moment une nuit spirituelle qui te fait douter de l'existence
d'un ciel pour toi. Cette épreuve durera jusqu'à ta mort, le 30 septembre 1897. Au début juin 1897, mère Agnès t'exprime le désir de
te voir continuer le récit de ta vie, même si elle pressent que cela va
te fatiguer. Mais comme elle n'est plus prieure, elle conseille à mère
Marie de Gonzague de te le demander. Celle-ci accepte. De toute
façon, elle aime ce que tu écris. Ne t'a-t-elle pas encouragée plusieurs

fois à partager tes poésies, au père Roulland par exemple, ce missionnaire qui t'est confié?

> J'ai composé quelques couplets qui me sont tout à fait personnels, je vous les envoie cependant, notre bonne Mère m'a dit qu'elle pensait que ces vers seraient agréables à mon frère du Sutchuen.

Tu dédies ton manuscrit à mère Marie de Gonzague. Tu t'adaptes à cette nouvelle interlocutrice, continuant ce que tu as déjà commencé dans le premier manuscrit: chanter les miséricordes du Seigneur. Voici ce que tu lui écris:

> Ma Mère bien-aimée, vous m'avez témoigné le désir que j'achève avec vous de <u>Chanter les Miséricordes du Seigneur</u>. Ce doux chant je l'avais commencé avec votre fille chérie, Agnès de Jésus, qui fut la mère chargée par le Bon Dieu de me guider aux jours de mon enfance; c'était donc avec elle que je devais chanter les grâces accordées à la <u>petite fleur</u> de la Ste Vierge, lorsqu'elle était au printemps de sa vie, mais c'est avec vous que je dois chanter le bonheur de cette petite fleurette maintenant que les timides rayons de l'aurore ont fait place aux brûlantes ardeurs du midi.

Comme dans tes écrits à mère Agnès, tu feras une lecture théologique des événements de ta vie, donnant un sens religieux à ce que tu vis et ressens.

> Je vais essayer de redire les sentiments de mon âme, ma reconnaissance envers le bon Dieu.

Mère Marie de Gonzague t'ordonne donc de continuer à écrire l'histoire de ta vie religieuse. On te fait savoir que cela pourra servir à rédiger ta notice nécrologique. C'est la coutume que la prieure d'un carmel envoie aux différents monastères de l'ordre une sorte de monographie d'une religieuse décédée, afin d'entretenir l'esprit de charité et de prière. Les pages rédigées par toi-même serviront à cette circulaire envoyée aux autres carmels après ta mort. Mais elles deviendront aussi un livre.

Tu écris surtout à l'infirmerie du carmel, malgré la tuberculose qui te ronge: fièvre, épuisement, étouffement. On peut imaginer combien cela a pu être difficile pour toi. En sont témoins ces quelques mots écrits le 10 juin 1897.

> Je suis tout étonnée en voyant ce que je vous ai écrit hier, quel griffonnage!... ma main tremblait de telle sorte qu'il m'a été impossible de continuer et maintenant je regrette même d'avoir essayé d'écrire, j'espère qu'aujourd'hui je vais le faire plus lisiblement, car je ne suis plus dans le dodo mais dans un joli petit fauteuil tout blanc. Ô ma Mère, je sens bien que tout ce que je vous dis n'a pas de suite, mais je sens aussi le besoin avant de vous parler du passé de vous dire mes sentiments présents, plus tard peut-être en aurai-je perdu le souvenir.

Tu sens l'urgence d'écrire tes sentiments avant d'en perdre le souvenir. Mais tu fais cela dans le plus grand détachement, sans y accorder trop d'importance. C'est bien ce que tu écris à mère Marie de Gonzague.

Je n'éprouverais aucune peine si vous le brûliez sous mes yeux avant de l'avoir lu.

Tu expérimentes ta propre finitude dans la maladie, la nuit de la foi, l'absence de Dieu, les limites de l'écriture. Ta longue lettre à mère Marie de Gonzague, tu la rédiges dans le don total de toi-même, à la limite du silence de l'abîme. Où puises-tu l'inspiration qui te donne la force d'écrire?

Si les paroles mêmes de Jésus ne me servaient pas d'appui, je serais tentée […] de laisser la plume... Mais non, il faut que je continue par obéissance ce que j'ai commencé par obéissance.

Ce manuscrit, qui restera inachevé, est rédigé à la lumière de la miséricorde divine, comme le précédent. Nous reviendrons plus loin dans nos entretiens sur ce thème central. Cette espérance invincible que tu as en la miséricorde divine te donne la sérénité voulue pour continuer à écrire sur ce petit cahier que tu ouvres et refermes si souvent, selon la fréquence des visites des religieuses.

Je ne sais pas si j'ai pu écrire dix lignes sans être dérangée, cela ne devrait pas me faire rire, ni m'amuser, cependant pour l'amour du Bon Dieu et de mes sœurs (si charitables envers moi) je tâche d'avoir l'air contente et surtout de l'être.

Le 11 juin 1897, mère Agnès rapporte une de tes paroles qui nous éclaire sur la rédaction de ce manuscrit dédié à mère Marie de Gonzague.

Pour écrire ma «petite» vie, je ne me casse pas la tête; c'est comme si je pêchais à la ligne; j'écris ce qui vient au bout.

Tu vis l'incapacité de tout dire, l'impuissance des mots à saisir l'infini de ton amour qu'est le Christ. Tu prends de plus en plus conscience de ta petitesse, de cette vérité qui te fait reconnaître que tu reçois tout de Dieu. Comment peut-il en être autrement lorsqu'on se situe devant l'infini d'un amour et ses secrets à traduire en pauvres mots?

Je sens mon impuissance à redire avec des paroles terrestres les secrets du Ciel et puis, après avoir tracé des pages et des pages, je trouverais n'avoir pas encore commencé... Il y a tant d'horizons divers, tant de nuances variées à l'infini, que la palette du Peintre Céleste pourra seule, après la nuit de cette vie, me fournir les couleurs capables de peindre les merveilles qu'il découvre à l'œil de mon âme.

Mais cela ne t'empêche pas de continuer à chanter les miséricordes du Seigneur, jusqu'à ton dernier souffle.

Je suis <u>trop petite</u> pour avoir de la vanité maintenant, je suis <u>trop petite</u> encore pour tourner de belles phrases afin de vous faire croire que j'ai beaucoup d'humilité, j'aime mieux convenir tout simplement que le Tout Puissant a fait de grandes choses en l'âme de l'enfant de sa divine Mère, et la plus grande c'est de lui avoir montré sa <u>petitesse</u>, son impuissance.

Comme Marie de Nazareth, tu chantes ton Magnificat pour le manuscrit caché de ta vie, qui est connu de Dieu seul. C'est dans le quotidien de notre vie, lieu de notre finitude, que nous pouvons faire la rencontre du Dieu fait homme. Tu nous y invites par ton *Histoire d'une âme*, qui fut écrite dans le seul dessein de faire plaisir à Jésus et à tes supérieures.

> Puisque c'est écrit il faut que ça reste.

Et ce fut fait dans l'humilité. Cette humilité nous aide à supporter avec douceur nos imperfections, comme tu l'écris à ta sœur Céline (Geneviève en communauté) quelques mois seulement avant ta mort. Voilà une attitude qui peut inspirer les couples et les familles d'aujourd'hui: reconnaître notre incapacité à parvenir par soi-même à l'amour, supporter avec douceur nos imperfections qui nous empêchent trop souvent de faire la vérité sur nous-même, notre conjoint, nos enfants. L'espérance d'y arriver balise alors un chemin d'humilité et de liberté parce que nous marchons dans la vérité. Vérité et humilité sont parmi les derniers mots que tu prononces le jour de ton entrée dans la vie, le 30 septembre 1897.

> Oui, il me semble que je n'ai jamais cherché que la
> vérité; oui, j'ai compris l'humilité du cœur...

J'aimerais que l'on termine cet entretien, comme nous le ferons pour les autres, par une de tes prières.

> Jésus, mon Bien-Aimé, je ne sais pas quand mon exil
> finira... plus d'un soir doit me voir encore chanter
> dans l'exil vos miséricordes, mais enfin pour moi aussi
> viendra <u>le dernier soir</u>; alors je voudrais pouvoir vous

dire, ô mon Dieu: «Je vous ai glorifié sur la terre; j'ai accompli l'œuvre que vous m'avez donnée à faire; j'ai fait connaître votre nom à ceux que vous m'avez donnés: ils étaient à vous, et vous me les avez donnés.»

Une petite voie de sainteté:
la confiance

La voie de la confiance simple et amoureuse est bien faite pour vous.

Un jour, alors que tu joues avec ta sœur Céline, ta compagne de jeu préférée, Léonie vous demande à toutes les deux de choisir des robes et une poupée dans une corbeille. Tu laisses d'abord Céline prendre un petit paquet de ganses, puis, après une brève hésitation, tu avances la main en disant, sans cérémonie: «Je choisis tout.» N'y a-t-il pas dans cette scène un condensé de ce que tu es profondément?

Ce petit trait de mon enfance est le résumé de toute ma vie; plus tard lorsque la perfection m'est apparue, j'ai compris que pour devenir <u>une sainte</u> il fallait beaucoup souffrir, rechercher toujours le plus parfait et s'oublier soi-même, j'ai compris qu'il y avait bien

[des] degrés dans la perfection et que chaque âme était libre de répondre aux avances de Notre-Seigneur, de faire peu ou beaucoup pour Lui, en un mot de <u>choisir</u> entre les sacrifices qu'Il demande. Alors comme aux jours de ma petite enfance, je me suis écriée: «Mon Dieu, je <u>choisis tout</u>. Je ne veux pas être une <u>sainte à moitié</u>, cela ne me fait pas peur de souffrir pour vous, je ne crains qu'une chose c'est de garder ma <u>volonté</u>, prenez-la, car "<u>Je choisis tout</u>" ce que vous voulez!»

Tu as vraiment un tempérament de feu qui ne fait pas beaucoup de concessions. Où prends-tu cette confiance totale en Dieu?

Je puis tout obtenir lorsque dans le mystère
Je parle cœur à cœur avec mon Divin Roi.

Jusqu'à désirer devenir une sainte?

J'aimais beaucoup la lecture et j'y aurais passé ma vie [...] C'est ainsi qu'en lisant les récits des actions patriotiques des héroïnes Françaises, en particulier celles de la <u>Vénérable JEANNE D'ARC</u>, j'avais un désir de les imiter, il me semblait sentir en moi la même ardeur dont elles étaient animées, la même inspiration Céleste; alors je reçus une grâce que j'ai toujours regardée comme une des plus grandes de ma vie, car à cet âge je ne recevais pas de <u>lumières</u> comme maintenant où j'en suis inondée. Je pensai que j'étais née pour la <u>gloire</u>, et cherchant le moyen d'y parvenir, le Bon Dieu m'inspira les sentiments que je viens d'écrire. Il me fit comprendre aussi que ma <u>gloire</u> à moi ne paraîtrait pas aux yeux mortels, qu'elle consisterait à devenir une grande <u>Sainte</u>!

Tout de même, n'est-ce pas un peu paradoxal de pressentir que tu serais une grande sainte, alors que tu t'es toujours sentie petite et faible?

Ce désir pourrait sembler téméraire si l'on considère combien j'étais faible et imparfaite et combien je le suis encore après sept années passées en religion, cependant je sens toujours la même confiance audacieuse de devenir une grande Sainte, car je ne compte pas sur mes mérites n'en ayant <u>aucun</u>, mais j'espère en Celui qui est la Vertu, la Sainteté Même, c'est Lui seul qui se contentant de mes faibles efforts m'élèvera jusqu'à Lui et, me couvrant de ses mérites infinis, me fera <u>Sainte</u>. Je ne pensais pas alors qu'il fallait beaucoup souffrir pour arriver à la sainteté.

Cela ne t'effrayait pas de voir ce que les grands saints ont souffert?

J'ai toujours constaté lorsque je me suis comparée aux saints qu'il y a entre eux et moi la même différence qui existe entre une montagne dont le sommet se perd dans les cieux et le grain de sable obscur foulé sous les pieds des passants; au lieu de me décourager, je me suis dit: Le Bon Dieu ne saurait inspirer des désirs irréalisables, je puis donc malgré ma petitesse aspirer à la sainteté.

Au lieu d'escalader la montagne de la sainteté en utilisant les échelles de la perfection ou en franchissant des étapes, tu vas prendre l'ascenseur de l'amour.

> Me grandir, c'est impossible, je dois me supporter telle que je suis avec toutes mes imperfections, mais je veux chercher le moyen d'aller au Ciel par une petite voie bien droite, bien courte, une petite voie toute nouvelle. Nous sommes dans un siècle d'inventions, maintenant ce n'est plus la peine de gravir les marches d'un escalier, chez les riches un ascenseur le remplace avantageusement. Moi je voudrais aussi trouver un ascenseur pour m'élever jusqu'à Jésus, car je suis trop petite pour monter le rude escalier de la perfection.

Cette voie était faite sur mesure pour toi. Tu montres que, pour ceux et celles qui veulent l'emprunter, il s'agit de ne pas compter sur ses mérites, de se présenter devant Dieu les mains vides, d'être doux envers soi-même et les autres, d'utiliser les moyens humbles et simples du quotidien, de s'abandonner en se laissant aimer par un Dieu d'amour. Cette voie est vraiment pour tous puisqu'elle fut tracée par Jésus.

> La voie par laquelle tu marches est une voie royale, ce n'est pas un chemin battu, mais c'est un <u>sentier</u> qui a été tracé par Jésus Lui-même.

Quelle image as-tu trouvée pour illustrer ce chemin?

> <u>L'abandon</u> du petit enfant qui s'endort sans crainte dans les bras de son Père.

De là vient l'expression «la voie d'enfance spirituelle», que mère Agnès lance en 1907, mais que tu n'emploies pas dans tes manuscrits. Comment as-tu découvert cette petite voie?

> J'ai recherché dans les livres saints l'indication de l'ascenseur, objet de mon désir, et j'ai lu ces mots sortis de la bouche de La Sagesse éternelle: <u>Si quelqu'un est TOUT PETIT qu'il vienne à moi</u>. Alors je suis venue, devinant que j'avais trouvé ce que je cherchais et voulant savoir, ô mon Dieu! ce que vous feriez au <u>tout petit</u> qui répondrait à votre appel, j'ai continué mes recherches et voici ce que j'ai trouvé: – Comme une mère <u>caresse son enfant, ainsi je vous consolerai, je vous porterai sur mon sein et je vous balancerai sur mes genoux!</u> Ah! jamais paroles plus tendres, plus mélodieuses, ne sont venues réjouir mon âme, l'ascenseur qui doit m'élever jusqu'au Ciel, ce sont vos bras, ô Jésus! Pour cela je n'ai pas besoin de grandir, au contraire il faut que je reste <u>petite</u>, que je le devienne de plus en plus. Ô mon Dieu, vous avez dépassé mon attente et moi je veux chanter vos miséricordes.

Je ne sais pas si tu mesures l'impact de ta découverte, mais avec cette voie d'amour et de confiance, tu révolutionnes le concept même de sainteté. Sœur Marie de la Trinité, qui a vécu trois ans avec toi au noviciat, l'exprime très bien lorsqu'elle écrit, plusieurs années après ta mort, à une jeune professe du carmel d'Angers: «Je crois bien que c'est la première fois depuis que le monde est monde qu'on canonise une sainte qui n'a rien fait d'extraordinaire: ni extases, ni révélations, ni mortifications qui effraient les petites âmes comme les nôtres. Toute sa vie se résume en ce seul mot: elle a aimé le bon Dieu dans toutes les petites actions ordinaires de la vie commune, les accomplissant avec une grande fidélité. Elle avait toujours une grande sérénité d'âme dans la souffrance comme dans la jouissance, parce qu'elle prenait toutes choses comme venant de la part du bon Dieu» (*Une novice de sainte Thérèse*, Paris, Cerf, 1985, p. 161).

Le témoignage de cette novice que tu aimais beaucoup est important. À une époque janséniste où Dieu était plus craint qu'aimé, tu vis une relation intime avec un Dieu qui est davantage un Père miséricordieux qu'un juge vengeur. Ce n'est pas un Dieu pervers qui te dévisage en te culpabilisant, mais un Dieu libérateur qui envisage l'avenir avec toi en te prenant dans ses bras. Tu aspires à la sainteté à cause même de ta petitesse et de ta faiblesse qui ne sont pas des fins en soi mais des moyens pour accéder à la vraie liberté. En te reconnaissant telle que tu es, tu fais la vérité sur toi-même et tu saisis que tu dois tout à Jésus.

> Parce que j'étais petite et faible il s'abaissait vers moi, il m'instruisait en secret des <u>choses</u> de son <u>amour</u>.

Marie demeure l'exemple parfait de quiconque veut suivre ta voie d'amour dans la simplicité du quotidien, loin de tout sensationnalisme, un peu comme à Nazareth. Tu en témoignes dans une strophe d'un poème consacré à celle qui est pour toi plus mère que reine.

> Je sais qu'à Nazareth, Mère pleine de grâces
> Tu vis très pauvrement, ne voulant rien de plus
> <u>Point de ravissements, de miracles, d'extases</u>
> <u>N'embellissent ta vie, Ô Reine des Élus!</u>...
> Le nombre des petits est bien grand sur la terre

Ils peuvent sans trembler vers toi lever les yeux
C'est par <u>la voie commune</u>, incomparable Mère
Qu'il te plaît de marcher pour les guider aux Cieux.

En prenant ta petite voie d'enfance spirituelle, tu saisis de l'intérieur que la sainteté n'est pas une question d'effort ou de perfection, mais d'accueil et d'amour, qu'elle ne se résume pas en telle vertu ou pratique, mais à une ouverture au Dieu Père qui se sert de son enfant pour faire des merveilles. Le romancier Bernanos, inspiré par ta voie de confiance, parle de la sainteté comme d'une grande aventure à vivre au sein même de notre impuissance.

> Le Dieu Fort aime à montrer sa puissance en se servant du rien.

Ce langage est vraiment dérangeant à notre mentalité occidentale, où l'on mise sur la force, la grandeur et la performance. Que fait-on lorsqu'on se sent tellement rien qu'on n'a même pas la force d'agir?

> Bien des âmes disent: Mais je n'ai pas la force d'accomplir tel sacrifice. Qu'elles fassent donc ce que j'ai fait: un grand effort. Le bon Dieu ne refuse jamais cette première grâce qui donne le courage d'agir; après cela le cœur se fortifie et l'on va de victoire en victoire.

Tu offres tout à Jésus, même le courage d'agir. Mais il y a des jours où l'on ne sent plus rien, où l'on n'a rien à faire, à donner, à offrir. Cette pauvreté dans les moyens, n'est-ce pas aussi la petite voie?

<u>Tout</u> sera pour lui, tout, même quand je ne sentirai rien à pouvoir lui offrir, alors comme ce soir je lui donnerai ce <u>rien</u>!

Je vois bien que cette voie d'enfance spirituelle n'a rien d'infantile. Il ne s'agit pas du côté capricieux de l'enfant, que tu as très bien connu, et dont le Seigneur t'a libérée un soir de Noël, à quatorze ans.

J'étais vraiment insupportable par ma trop grande sensibilité [...] Je ne sais comment je me berçais de la douce pensée d'entrer au Carmel, étant encore dans <u>les langes</u> de l'<u>enfance</u>! Il fallut que le Bon Dieu fasse un petit miracle pour me faire <u>grandir</u> en un moment et ce miracle il le fit au jour inoubliable de Noël [...] Il me rendit <u>forte</u> et courageuse, Il me revêtit de ses armes et depuis cette nuit bénie, je ne fus vaincue en aucun combat, mais au contraire je marchai de victoires en victoires et commençai pour ainsi dire, «<u>une course de géant</u>!»[...] Ce fut le 25 décembre 1886 que je reçus la grâce de sortir de l'enfance, en un mot la grâce de ma complète conversion [...] En un instant l'ouvrage que je n'avais pu faire en 10 ans, Jésus le fit se contentant de ma <u>bonne volonté</u> qui jamais ne me fit défaut [...] Il fit de moi un pêcheur d'<u>âmes</u>, je sentis un grand désir de travailler à la conversion des pécheurs, désir que je n'avais [pas] senti aussi vivement...

Quel bouleversement! Mais Jésus n'aurait pas pu opérer un tel miracle, comme tu dis, si tu étais restée passive. Au contraire, tu y avais mis toute ta bonne volonté, et Jésus se contenta de cette disponibilité. Il respecte trop notre liberté pour imposer ses actions qui arriveraient comme par magie. Mais lorsque la bonne volonté ne fait pas défaut, alors là il fait des merveilles. C'est cela, ta vie: ta bonne volonté au service du désir de Jésus de t'aimer. C'est la rencontre de deux libertés, de deux désirs. Avec la grâce de Noël, te voilà devenue apôtre de Jésus. Comment cette transformation s'est-elle opérée?

> Je sentis en un mot la <u>charité</u> entrer dans mon cœur, le besoin de m'oublier pour faire plaisir et depuis lors je fus heureuse!

Tu es sortie de l'enfance, de son côté naïf et innocent, mais tu as gardé l'esprit d'enfance spirituelle qui consiste en cette capacité de s'émerveiller devant la miséricorde divine, de se recevoir de Dieu, un peu comme l'enfant de la crèche se reçoit de Marie. Prendre la voie d'enfance spirituelle, c'est tout miser sur la confiance; c'est aussi reconnaître dans notre vie ces instants de pure grâce où la joie envahit tout. Si nous savions les reconnaître et les chanter comme toi! En regardant ta vie, on voit que tout est possible pour Dieu. Notre impuissance à être des saints rend encore plus nécessaire sa miséricorde. Le témoignage de sœur Marie de la Trinité est ici encore très précieux. Voici ce qu'elle nous dit de ce chemin de bonheur, cette petite voie que tu as si bien su lui enseigner: «Le moyen d'être heureux dans la "Petite Voie" de Thérèse, c'est de s'abandonner à Dieu et de penser à soi le moins possible, ne pas même chercher à se rendre compte si l'on fait des progrès ou non: cela ne nous regarde pas. Nous n'avons qu'à nous exercer à faire avec le plus d'amour possible tous nos petits actes de la vie courante, à reconnaître humblement, mais sans tristesse, nos mille imperfections sans cesse renaissantes et à demander avec confiance au bon Dieu de les transformer en amour» (*Une novice de sainte Thérèse*, p. 159).

Confiance! Important ce mot, n'est-ce pas?

> Ce qui offense Jésus, ce qui le blesse au cœur c'est le manque de confiance!

Le mot «confiance» est un leitmotiv dans ta bouche. Il revient sans arrêt dans tes écrits. Il nous dit que la perfection ne s'acquiert pas par nos propres forces. On «gagne» le ciel en le perdant, c'est-à-dire en le recevant de Jésus seul, gratuitement, comme il l'a fait pour l'enfant prodigue, le bon larron, Marie-Madeleine, Zachée, le publicain, toi.

> Oh! que je voudrais pouvoir vous faire comprendre ce que je sens!... C'est la confiance et rien que la confiance qui doit nous conduire à l'Amour [...] Puisque nous voyons la <u>voie</u>, courons ensemble.

Merci de l'invitation. Comme il est libérateur de courir avec toi sur cette petite voie de confiance et de sainteté!

> Ne nous lassons pas de prier, la confiance fait des miracles.

Terminons cet entretien par le dernier paragraphe de ta longue lettre écrite en septembre 1896 à sœur Marie du Sacré-Cœur. Elle te demandait des précisions sur ta petite doctrine. Cette lettre, le *Manuscrit M*, parce que dédié à Marie, est un sommet de la littérature spirituelle. Ce manuscrit contient une dizaine de pages et est divisé en deux parties: une lettre à Marie du Sacré-Cœur et un texte mystique où tu dialogues avec Jésus. Voici la prière qui termine ce texte fulgurant.

Ô Jésus! que ne puis-je dire à toutes les <u>petites âmes</u> combien ta condescendance est ineffable... je sens que si par impossible tu trouvais une âme plus faible, plus petite que la mienne, tu te plairais à la combler de faveurs plus grandes encore, si elle s'abandonnait avec une entière confiance à ta miséricorde infinie... Mais pourquoi désirer communiquer tes secrets d'amour, ô Jésus, n'est-ce pas toi seul qui me les as enseignés et ne peux-tu pas les révéler à d'autres?... Oui je le sais, et je te conjure de le faire, je te supplie d'abaisser ton regard divin sur un grand nombre de <u>petites âmes</u>... Je te supplie de choisir une légion de <u>petites</u> victimes dignes de ton AMOUR!

L'espérance en la miséricorde: l'abandon

*L'espérance aveugle
que j'ai en sa miséricorde...
Voilà mon seul trésor.*

Thérèse, tu es une femme de désirs qui libères ta liberté en ne choisissant que ce que Jésus veut. Et ce que Jésus veut pour toi, c'est d'espérer en sa miséricorde. N'est-ce pas là ton trésor, ta folie?

> Je suis trop petite pour faire de grandes choses, et ma <u>folie</u> à moi, c'est d'espérer [...] Ma <u>folie</u> consiste à supplier les Aigles mes frères de m'obtenir la faveur de voler vers le Soleil de l'Amour avec <u>les propres ailes de l'Aigle Divin</u>.

Tu as tellement foi en l'amour miséricordieux que c'est avec une audace d'enfant que tu demandes de t'envoler vers Dieu avec ses propres ailes. Tout est inversé une fois de plus, car tu t'offres sans arrêt. Est-ce si facile?

> Je ne suis qu'une enfant, impuissante et faible,
> cependant c'est ma faiblesse même qui me donne
> l'audace de m'offrir en Victime à [l']AMOUR.

La notion de victime est obsolète aujourd'hui. Mais tu écris avec la sensibilité de ton siècle, à une époque où l'on s'offrait comme victime d'holocauste à la justice divine, pour réparer les fautes commises par d'autres. Toi, tu fais du neuf avec de l'ancien. Tu t'offres plutôt à l'amour miséricordieux.

> Pour satisfaire la Justice Divine il fallait des victimes
> parfaites, mais à la loi de crainte a succédé la loi
> d'Amour, et l'AMOUR m'a choisie pour holocauste,
> moi faible et imparfaite créature... Ce choix n'est-il pas
> digne de l'AMOUR?

Tu peux tout car tu as une confiance absolue en l'intervention miséricordieuse de Dieu, un peu comme Job. Nous sommes ici au cœur de ta théologie spirituelle. Le mot «victime» est celui qui pour toi illustre le mieux cette intervention divine qui veut tout consumer en toi, qui s'abaisse pour te transformer dans son feu. Tu t'abandonnes totalement. Tu espères envers et contre tout.

> Cette parole de Job: «Quand même Dieu me tuerait
> j'espérerais encore en lui», m'a ravie dès mon enfance.
> Mais j'ai été longtemps avant de m'établir à ce degré
> d'abandon. Maintenant j'y suis; le bon Dieu m'y a
> mise, il m'a prise dans ses bras et m'a posée là...

À ce degré d'abandon, penses-tu que l'amour de Dieu est comblé?

> Pour que l'<u>Amour</u> soit pleinement satisfait, il faut
> qu'Il s'abaisse, qu'il s'abaisse jusqu'au néant et qu'il
> transforme en <u>feu</u> ce néant.

Tu es géniale, Thérèse! Tu saisis par expérience que Dieu ne peut être pleinement ravi que s'il trouve quelqu'un à aimer librement. C'est dans la nature même de sa miséricorde d'aimer ce qui n'est pas aimable, de brûler les imperfections de sa créature qui a tant besoin de son amour. Mais il nous arrive souvent d'être tellement remplis de nous-mêmes que nous oublions de nous jeter dans les bras d'un Dieu Père qui n'attend que cela, nous aimer dans notre misère. Il ne faut donc jamais nous décourager.

> Oui je le sens, quand même j'aurais sur la conscience
> tous les péchés qui se peuvent commettre, j'irais, le
> cœur brisé de repentir, me jeter dans les bras de Jésus,
> car je sais combien Il chérit l'enfant prodigue qui
> revient à Lui. Ce n'est pas parce que Le bon Dieu,
> dans sa <u>prévenante</u> miséricorde, a préservé mon âme
> du péché mortel que je m'élève à Lui par la confiance
> et l'amour.

Es-tu toujours fidèle à cette miséricorde qui veut tout envahir?

> Je ne suis pas toujours fidèle, mais je ne me décourage
> jamais je m'abandonne dans les bras de Jésus.

Est-ce cela, la perfection?

La perfection me semble facile, je vois qu'il suffit de reconnaître son néant et de s'abandonner comme un enfant dans les bras du Bon Dieu.

Quand tu t'abandonnes comme un enfant dans ses bras, Dieu peut exprimer toute sa tendresse de Père. Tu lui donnes la joie de t'aimer à l'infini comme il peut s'aimer au cœur même de la Trinité, le Père étant tout l'amour donné, le Fils, tout l'amour reçu, l'Esprit, tout l'amour partagé. Cet amour de réciprocité et d'échange te tourne vers le Fils qui est éternellement tourné vers le Père dans l'Esprit. Tu vis d'amour. Tu le chantes par ta vie offerte à la miséricorde.

Vivre d'Amour, c'est te garder Toi-Même
Verbe incréé, Parole de mon Dieu,
Ah! tu le sais, Divin Jésus, je t'aime
L'Esprit d'Amour m'embrase de son feu
C'est en t'aimant que j'attire le Père
Mon faible cœur le garde sans retour.
Ô Trinité! vous êtes Prisonnière
De mon Amour!

Rien ne peut t'empêcher de chanter les miséricordes divines, surtout pas la conscience de tes péchés. Tu as l'audace amoureuse d'une Marie-Madeleine, que tu admires tellement. Elle t'inspire ces paroles de feu.

Le souvenir de mes fautes m'humilie, me porte à ne jamais m'appuyer sur ma force qui n'est que faiblesse, mais plus encore ce souvenir me parle de miséricorde et d'amour. Comment lorsqu'on jette ses fautes avec une confiance toute filiale dans le brasier dévorant de l'Amour, comment ne seraient-elles pas consumées sans retour?

Cela dépasse la simple justice. Tu te sais gratuitement aimée de Dieu, à cause même de ton néant, et ce néant tu l'offres au feu divin. C'est donc la conscience de ton néant qui attire l'amour de Dieu en toi. Là, il peut t'aimer, puisque tu n'es pas parfaite. Essentielle misère humaine qui rend nécessaire la miséricorde divine et transforme la justice en amour!

Je sais qu'il faut être bien pur pour paraître devant le Dieu de toute Sainteté, mais je sais aussi que le Seigneur est infiniment Juste et c'est cette justice qui effraye tant d'âmes qui fait le sujet de ma joie et de ma confiance. Être juste, ce n'est pas seulement exercer la sévérité pour punir les coupables, c'est encore reconnaître les intentions droites et récompenser la vertu. J'espère autant de la justice du Bon Dieu que de sa miséricorde. C'est parce qu'Il est juste qu'«Il est compatissant et rempli de douceur, lent à punir et abondant en miséricorde. Car Il connaît notre fragilité, Il se souvient que nous ne sommes que poussière. Comme un père a de la tendresse pour ses enfants, ainsi le Seigneur a compassion de nous» [...] Ma voie est toute de confiance et d'amour, je ne comprends pas les âmes qui ont peur d'un si tendre Ami.

Tu n'oublies jamais le regard miséricordieux que Dieu te porte. Tu montres que notre Dieu est toujours du côté de l'humain, avec nous et non contre nous. Il veut notre bonheur. Sa justice se fond dans les flammes de sa miséricorde. N'est-ce pas ta mission de dévoiler à tous la grandeur de la miséricorde divine?

> Il me semble que si toutes [les] créatures avaient les mêmes grâces que moi, le Bon Dieu ne serait craint de personne mais aimé jusqu'à la folie et que par amour, et non pas en tremblant, jamais aucune âme ne consentirait à Lui faire de la peine... Je comprends cependant que toutes les âmes ne peuvent pas se ressembler, il faut qu'il y en ait de différentes familles afin d'honorer spécialement chacune des perfections du Bon Dieu. À moi Il a donné sa Miséricorde infinie et c'est à travers elle que je contemple et adore les autres perfections Divines... Alors toutes m'apparaissent rayonnantes d'amour, la Justice même (et peut-être encore plus que toute autre) me semble revêtue d'amour... Quelle douce joie de penser que le Bon Dieu est Juste, c'est-à-dire qu'Il tient compte de nos faiblesses, qu'Il connaît parfaitement la fragilité de notre nature. De quoi donc aurais-je peur? Ah! le Dieu infiniment juste qui daigna pardonner avec tant de bonté toutes les fautes de l'enfant prodigue, ne doit-Il pas être Juste aussi envers moi qui «suis toujours avec Lui»?

Ta folie d'espérer est prophétique en ces temps de mutation où l'on cherche des raisons de croire, d'espérer et d'aimer. Mais si, comme plusieurs d'entre nous, tu es dans la nuit, le vide, le rien, sans désirs, celui du martyre, par exemple?

> Ces désirs sont une <u>consolation</u>, que Jésus accorde parfois aux âmes faibles comme la mienne [...] Ah! je sens bien que ce n'est pas cela du tout qui plaît au Bon Dieu dans ma petite âme, ce qui lui plaît <u>c'est de me voir aimer ma petitesse</u> et ma <u>pauvreté, c'est l'espérance aveugle</u> que <u>j'ai</u> en <u>sa miséricorde</u>... Voilà mon seul trésor [...] Plus on est faible, sans désirs, ni vertus, plus on est propre aux opérations de cet Amour consumant et transformant.

En cheminant dans la confiance, tu espères en la miséricorde divine, surtout lorsque tu es sans désirs, ainsi Jésus te brûle de son propre désir. Ta vie est une intense expérience d'abandon en Jésus qui te consume de son Esprit. Qu'est-ce pour toi que l'abandon?

> Jésus se plaît à me montrer l'unique chemin qui conduit à cette fournaise Divine, ce chemin c'est l'<u>abandon</u> du petit enfant qui s'endort sans crainte dans les bras de son Père [...] Ah! si toutes les âmes faibles et imparfaites sentaient ce que sent la plus petite de toutes les âmes, l'âme de votre petite Thérèse, pas une seule ne désespérerait d'arriver au sommet de la montagne de l'amour, puisque Jésus ne demande pas de grandes actions, mais seulement l'abandon et la reconnaissance.

Dans un monde angoissé comme le nôtre, cette attitude d'abandon me semble primordiale. Nous n'avons rien à prouver à personne: il suffit d'être, de s'accepter tel que l'on est, de faire confiance, de s'offrir.

C'est l'abandon seul qui me guide, je n'ai point d'autre boussole!... Je ne puis plus rien demander avec ardeur excepté l'accomplissement parfait de la volonté du Bon Dieu sur mon âme sans que les créatures puissent y mettre obstacle.

Tu chantes cet abandon, surtout au cœur de l'épreuve.

Seul l'Abandon me livre
En tes bras, ô Jésus
C'est lui qui me fait vivre
De la vie des Élus.

À toi, je m'abandonne
Ô mon Divin Époux
Et je n'ambitionne
Que ton regard si doux.

Ce que tu exprimes si simplement, tu le vis, et cela alimente ton union avec Jésus. En l'aimant, tu connais Dieu comme Père, et plus tu le connais, plus tu te connais toi-même. Le 9 juin 1895, en la fête de la Trinité, tu expérimentes la soif d'amour de Jésus.

J'ai reçu la grâce de comprendre plus que jamais combien Jésus désire être aimé.

Que vas-tu faire pour que Jésus soit aimé?

> Je pensais aux âmes qui s'offrent comme victimes à la Justice de Dieu afin de détourner et d'attirer sur elles les châtiments réservés aux coupables, cette offrande me semblait grande et généreuse, mais j'étais loin de me sentir portée à la faire. «Ô mon Dieu! m'écriai-je au fond de mon cœur, n'y aura-t-il que votre Justice qui recevra des âmes s'immolant en victimes?... Votre <u>Amour</u> Miséricordieux n'en a-t-il pas besoin lui aussi... De toute part il est méconnu, rejeté; les cœurs dans lesquels vous désirez le prodiguer se tournent vers les créatures leur demandant le bonheur avec leur misérable affection, au lieu de se jeter dans vos bras et d'accepter votre <u>Amour</u> infini... Ô mon Dieu! votre Amour méprisé va-t-il rester en votre Cœur? Il me semble que si vous trouviez des âmes s'offrant en Victimes d'holocaustes à votre Amour, vous les consumeriez rapidement, il me semble que vous seriez heureux de ne point comprimer les flots d'infinies tendresses qui sont en vous [...] Ô mon Jésus! que ce soit <u>moi</u> cette heureuse victime, consumez votre holocauste par le feu de votre Divin Amour!...»

Depuis ce jour de l'offrande, c'est l'envahissement de l'amour de Jésus en toi, n'est-ce pas?

> Ah! depuis cet heureux jour, il me semble que l'<u>Amour</u> me pénètre et m'environne, il me semble qu'à chaque instant cet <u>Amour Miséricordieux</u> me renouvelle,

purifie mon âme et n'y laisse aucune trace de péché,
aussi je ne puis craindre le purgatoire [...] Je sais que
Jésus ne peut désirer pour nous de souffrances inutiles
et qu'Il ne m'inspirerait pas les désirs que je ressens, s'Il
ne voulait les combler... Oh! qu'elle est douce la voie
de l'Amour!... Comme je veux m'appliquer à faire
toujours, avec le plus grand abandon, la volonté du
Bon Dieu!

Abandon et offrande vont de pair. Tout le contraire d'un de tes contemporains, Nietzsche, qui nie sa finitude humaine en se proclamant
«surhomme». Toi, tu embrasses tes limites, tu reconnais ton néant, tu
t'offres au tout infini de Dieu. Nous ne sommes plus dans l'ordre de
l'héroïsme mais de la grâce. Lorsqu'à la fin de ta vie tu repenses à la
miséricorde divine à ton égard, l'action de grâces jaillit de ton cœur.

Quand je pense à toutes les grâces que le bon Dieu
m'a faites je me retiens pour ne pas verser
continuellement des larmes de reconnaissance.

Tu rédiges ton acte d'offrande et le 11 juin 1895, agenouillée avec
Céline devant la statue de la Vierge du sourire, tu le prononces pour
toi et ta sœur. Les novices feront aussi la même offrande. Ce texte
témoigne du désir qui doit brûler tout croyant: s'ouvrir pleinement à
la miséricorde divine. Dieu ne s'impose pas, il s'offre librement; on
ne le possède pas, il se donne gratuitement. Ainsi, tu te présentes
devant lui les mains vides et le cœur ouvert. Tu porteras ce texte sur
ton cœur avec ton petit Évangile. Cet acte d'offrande marque un
tournant dans l'histoire de la spiritualité chrétienne.

Offrande de moi-même comme Victime d'Holocauste à l'Amour Miséricordieux du Bon Dieu

Ô mon Dieu! Trinité Bienheureuse, je désire vous Aimer et vous faire Aimer, travailler à la glorification de la Sainte Église en sauvant les âmes qui sont sur la terre et [en] délivrant celles qui souffrent dans le purgatoire. Je désire accomplir parfaitement votre volonté et arriver au degré de gloire que vous m'avez préparé dans votre royaume, en un mot, je désire être Sainte, mais je sens mon impuissance et je vous demande, ô mon Dieu! d'être vous-même ma Sainteté.

Puisque vous m'avez aimée jusqu'à me donner votre Fils unique pour être mon Sauveur et mon Époux, les trésors infinis de ses mérites sont à moi, je vous les offre avec bonheur, vous suppliant de ne me regarder qu'à travers la Face de Jésus et dans son Cœur brûlant d'Amour.

Je vous offre encore tous les mérites des Saints (qui sont au Ciel et sur la terre) leurs actes d'Amour et ceux des Saints Anges; enfin je vous offre, ô Bienheureuse Trinité! L'Amour et les mérites de la Sainte Vierge, ma Mère chérie, c'est à elle que j'abandonne mon offrande la priant de vous la présenter. Son divin Fils, mon Époux Bien-Aimé, aux jours de sa vie mortelle, nous a dit: «Tout ce que vous demanderez à mon Père, en mon nom, il vous le donnera!» Je suis donc certaine que vous exaucerez mes désirs; je le sais, ô mon Dieu! (plus vous voulez donner, plus vous faites désirer). Je sens en mon cœur des désirs immenses et c'est avec confiance que je vous demande de venir prendre possession de mon âme. Ah! je ne puis recevoir la Sainte Communion aussi souvent que je le désire, mais, Seigneur, n'êtes-vous pas Tout-Puissant?... Restez en moi, comme au tabernacle, ne vous éloignez jamais de votre petite hostie...

Je voudrais vous consoler de l'ingratitude des méchants et je vous supplie de m'ôter la liberté de vous déplaire, si par faiblesse je tombe quelquefois qu'aussitôt votre Divin Regard purifie mon âme consumant toutes mes imperfections, comme le feu qui transforme toute chose en lui-même...

Je vous remercie, ô mon Dieu! de toutes les grâces que vous m'avez accordées, en particulier de m'avoir fait passer par le creuset de la souffrance. C'est avec joie que je vous contemplerai au dernier jour portant le sceptre de la Croix; puisque vous [avez] daigné me donner en partage cette Croix si précieuse, j'espère au Ciel vous ressembler et voir briller sur mon corps glorifié les sacrés stigmates de votre Passion...

Après l'exil de la terre, j'espère aller jouir de vous dans la Patrie, mais je ne veux pas amasser de mérites pour le Ciel, je veux travailler pour votre seul Amour, dans l'unique but de vous faire plaisir, de consoler votre Cœur Sacré et de sauver des âmes qui vous aimeront éternellement.

Au soir de cette vie, je paraîtrai devant vous les mains vides, car je ne vous demande pas, Seigneur, de compter mes œuvres. Toutes nos justices ont des taches à vos yeux. Je veux donc me revêtir de votre propre Justice et recevoir de votre Amour la possession éternelle de Vous-même. Je ne veux point d'autre Trône et d'autre Couronne que Vous, ô mon Bien-Aimé!...

À vos yeux le temps n'est rien, un seul jour est comme mille ans, vous pouvez donc en un instant me préparer à paraître devant vous...

Afin de vivre dans un acte de parfait Amour, je m'offre comme victime d'holocauste à votre Amour miséricordieux, vous suppliant de me consumer sans cesse, laissant déborder en mon âme les flots de tendresse infinie qui sont renfermés en vous et qu'ainsi je devienne Martyre de votre Amour, ô mon Dieu!...

Que ce martyre après m'avoir préparée à paraître devant vous me fasse enfin mourir et que mon âme s'élance sans retard dans l'éternel embrassement de Votre Miséricordieux Amour...

Je veux, ô mon Bien-Aimé, à chaque battement de mon cœur vous renouveler cette offrande un nombre infini de fois, jusqu'à ce que les ombres s'étant évanouies je puisse vous redire mon Amour dans un Face à Face Éternel!

Le désir qui fait vivre:
Jésus

Puisse Jésus me donner toujours de comprendre que lui seul est le bonheur parfait même quand lui-même paraît absent.

Ta vie, Thérèse, est un désir brûlant, un amour consumant. Tout va toujours très vite avec toi. Canonisée dès 1925, déclarée patronne des missions en 1927, nommée docteur de l'Église en 1997, enfant chérie de l'Église, tout le monde t'aime. Lorsque tes reliques arrivent dans un pays, les foules accourent. Y a-t-il un secret à tout cela?

<u>Aimer</u> Jésus avec <u>passion</u>.

Ton secret, c'est donc un nom, un visage, une présence: Jésus le Christ, le seul qui ravit ton cœur.

Le Christ est mon Amour, Il est toute ma vie,
Il est le Fiancé qui seul ravit mes yeux.

On peut dire que tu es sa chansonnière. Écrire des poésies, à la demande de tes sœurs, c'est vouloir lui plaire en leur faisant plaisir à elles. Ainsi tu t'adresses à Jésus.

> Te plaire est mon unique étude
> Et ma béatitude
> C'est toi, Jésus!

Faire plaisir à Jésus en tout, n'est-ce pas ta joie profonde?

> Ma seule joie sur cette terre
> C'est de pouvoir te réjouir.

Et tu vas surtout le réjouir en partageant sa soif des âmes, alors que tu n'as que quatorze ans. En regardant une image du Christ en croix, tu es frappée par le sang qui coule de l'une de ses mains et que personne ne recueille. Le cri de Jésus retentit dans ton cœur: «J'ai soif!»

> Je voulais donner à boire à mon Bien-Aimé et je me
> sentais moi-même dévorée de la <u>soif</u> des <u>âmes</u>.

Henri Pranzini, qui avait égorgé deux femmes et une petite fille à Paris, sera le premier de tes enfants que tu sauveras pour soulager la soif de Jésus. Tu l'enfantes à la vie éternelle. Tu pries, jeûnes, souffres pour sa conversion, sachant que Jésus va t'exaucer. Tu lui demandes tout de même un signe, que tu trouves dans le journal *La Croix*, interdit de lecture par ton père, mais que tu liras quand même.

> Pranzini ne s'était pas confessé, il était monté sur
> l'échafaud et s'apprêtait à passer sa tête dans le lugubre
> trou, quand tout à coup saisi d'une inspiration subite,

il se retourne, saisit un <u>Crucifix</u> que lui présentait le prêtre et <u>baise</u> par <u>trois fois</u> ses <u>plaies sacrées</u>! [...] J'avais obtenu «le signe» demandé et ce signe était la reproduction fidèle de grâces que Jésus m'avait faites pour m'attirer à prier pour les pécheurs.

Si tu as conscience de tes limites, tu fais surtout l'expérience de l'efficacité de la prière. Avec la conversion de Pranzini, tu reçois la confirmation que tes prières et sacrifices sont accueillis par Dieu. Alors, tu seras carmélite et missionnaire, mais à ta façon, comme tu l'écris au père Roulland.

Je suis assurée que mon Céleste Époux suppléera à mes faibles mérites (sur lesquels je ne m'appuie aucunement) et qu'Il exaucera les désirs de mon âme en fécondant votre apostolat. Je serai vraiment heureuse de travailler avec vous au salut des âmes; c'est dans ce but que je me suis faite carmélite; ne pouvant être missionnaire d'action, j'ai voulu l'être par l'amour et la pénitence.

Tu sais que Jésus t'aime à la folie. Il répond donc à tous tes désirs: ton entrée au Carmel à quinze ans, l'entrée de Céline qui t'y rejoint, ton aspiration à devenir une sainte, tes frères missionnaires (l'abbé Bellière et le père Roulland), la conversion de Pranzini, ta rencontre avec le pape Léon XIII à Rome.

Jamais le Bon Dieu ne donne de désirs qu'il ne puisse réaliser.

Devant une telle certitude, tu ne peux lui répondre que par la prière.

> Ô Jésus! laisse-moi dans l'excès de ma reconnaissance,
> laisse-moi te dire que <u>ton amour va jusqu'à la folie</u>...
> Comment veux-tu, devant cette Folie, que mon cœur
> ne s'élance pas vers toi? Comment ma confiance
> aurait-elle des bornes... Ah! pour toi, je le sais, les
> Saints ont fait aussi des <u>folies</u>, ils ont fait de grandes
> choses puisqu'ils étaient des <u>aigles</u>.

Quel est ton désir?

> Je voudrais tant l'aimer!... L'aimer plus qu'il n'a jamais
> été aimé!... Mon seul désir est de faire toujours la
> volonté de Jésus!

Est-ce là ton grand désir?

> Je n'ai plus de grands désirs si ce n'est celui d'aimer
> jusqu'à mourir d'amour.

Que désireras-tu au ciel?

> Je désirerai au Ciel la même chose que sur la terre:
> Aimer Jésus et le faire aimer.

Pour être certain que ce désir se réalise, tu demandes à l'abbé Bellière qu'il récite chaque jour pour toi cette belle prière trinitaire de ta composition.

Père miséricordieux, au nom de notre Doux Jésus, de la Vierge Marie et des Saints, je vous demande d'embraser ma sœur de votre Esprit d'Amour et de lui accorder la grâce de vous faire beaucoup aimer.

Ce Jésus qui est ton amour, comment agit-il en toi?

J'ai remarqué bien des fois que Jésus ne veut pas me donner de <u>provisions</u>, il me nourrit à chaque instant d'une nourriture toute nouvelle, je la trouve en moi sans savoir comment elle y est... Je crois tout simplement que c'est Jésus Lui-même caché au fond de mon pauvre petit cœur qui me fait la grâce d'agir en moi et me fait penser tout ce qu'Il veut que je fasse au moment présent.

Comme saint Paul l'exprimait, ce n'est plus toi qui vis, c'est le Christ qui vit en toi. Ta faiblesse, c'est ta force, et tu te glorifies dans le Christ.

Quand je me reporte au temps de mon noviciat, comme je vois combien j'étais imparfaite... Je me faisais des peines pour si peu de chose que j'en ris maintenant. Ah! que Le Seigneur est bon d'avoir fait grandir mon âme, de lui avoir donné des ailes [...] Plus tard sans doute, le temps où je suis me paraîtra encore rempli d'imperfections, mais maintenant je ne m'étonne plus de rien, je ne me fais pas de peine en voyant que je suis la <u>faiblesse</u> même, au contraire c'est en elle que je me glorifie et je m'attends chaque jour à découvrir en moi de nouvelles imperfections. Me souvenant que <u>la Charité couvre la multitude des péchés</u>, je puise à cette mine féconde que Jésus a ouverte devant moi.

Toujours cette confiance invincible en Jésus qui peut ainsi aimer en toi. N'est-ce pas là son souhait, que nous le laissions aimer à travers nous? Dans ce dessein, il a besoin de nos mains, de nos pieds, de nos lèvres, de notre cœur. Cela demande une grande disponibilité à son Esprit Saint, un abandon confiant à son action en nous, puisque nous sommes trop imparfaits pour aimer comme lui nous a aimés. Mais c'est justement à cause de nos faiblesses qu'il peut faire des merveilles. Il mendie notre vie, notre amour, notre liberté, car son amour veut se donner sans cesse.

C'est dans son être même de se donner, d'aimer. Il a faim et soif en celui ou celle qui est affamé et assoiffé. Pour toi, Thérèse, il est le divin mendiant.

> Celui qui vous mendie
> C'est le Verbe Éternel!

> Il se fait pauvre afin que nous puissions lui faire la charité, Il nous tend la main comme un <u>mendiant</u>.

Ta soif de Jésus et de sauver des âmes rejoint la soif même de Jésus. Cependant, il ne mendie pas nos mérites, mais notre amour gratuit.

> Il n'a point besoin de nos œuvres, mais seulement de notre <u>amour</u>, <u>car ce même Dieu qui déclare n'avoir point besoin de nous dire s'il a faim</u>, n'a pas craint de

mendier un peu d'eau à la Samaritaine. Il avait soif...
Mais en disant «donne-moi à boire» c'était l'amour de
sa pauvre créature que le Créateur de l'univers
réclamait. Il avait soif d'amour.

En voulant recueillir tout l'amour qu'il y a dans le cœur du Christ, tu
trouves le bonheur.

[Jésus] disait avec une ineffable tendresse: «Si
quelqu'un m'aime, il gardera ma parole et mon Père
l'aimera et nous viendrons à lui et nous ferons en lui
notre demeure.» Garder la parole de Jésus, voilà
l'unique condition de notre bonheur, la preuve de
notre amour pour Lui.

Garder la parole, n'est-ce pas garder Jésus lui-même?

Il me semble que la parole de Jésus, c'est Lui-même...
Lui Jésus, le Verbe, la Parole de Dieu!

Et que réponds-tu à la parole de Jésus?

Ô mon Jésus! je t'aime, j'aime l'Église ma Mère, je me
souviens que: «Le plus petit mouvement de PUR
AMOUR lui est plus utile que toutes les autres œuvres
réunies ensemble.»

Comment savoir que ce «pur amour» est dans notre cœur s'il ne
vient pas de Jésus?

C'est Jésus qui peut seul donner un tel prix à nos
actions, aimons-le donc de toutes nos forces.

Cela plaît à Jésus?

> Comme c'est facile de plaire à Jésus, de ravir son cœur, il n'y a qu'à l'aimer sans se regarder soi-même, sans trop examiner ses défauts.

Y a-t-il du mérite à faire cela?

> Le mérite ne consiste pas à faire ni à donner beaucoup, mais plutôt à recevoir, à aimer beaucoup.

Comment prouver notre amour à Jésus?

> Je n'ai d'autre moyen de [lui] prouver mon amour que de jeter des fleurs, c'est-à-dire de ne laisser échapper aucun petit sacrifice, aucun regard, aucune parole, de profiter de toutes les plus petites choses et de les faire par amour.

D'accord. Mais tu admettras qu'aimer ne va pas de soi, même si c'est le désir le plus fondamental de notre être. «Qu'il est difficile d'aimer», chante Gilles Vigneault. Nous en faisons l'expérience tous les jours dans nos relations. Jésus a fait de l'amour fraternel son testament, un secret qu'il nous a laissé avant de partir, pour que nous vivions heureux: «Aimez-vous les uns les autres.» Ce message est toujours d'actualité, même si amour rime souvent avec souffrance.

> Ne croyons pas pouvoir aimer sans souffrir, sans souffrir beaucoup... notre pauvre nature est là! et elle n'y est pas pour rien!

Oui, mais Jésus va encore plus loin en nous laissant un commande-
ment nouveau. «Comme je vous aimés, vous aussi, aimez-vous les
uns les autres» (Jean 13, 34). C'est le «comme» qui fait toute la
différence. Aimer est déjà exigeant en soi, est-il possible d'aimer
comme Jésus a aimé? Toi aussi, tu t'es posé cette question en t'adres-
sant à Jésus lui-même.

> Ah! Seigneur, je sais que vous ne commandez rien
> d'impossible, vous connaissez mieux que moi ma
> faiblesse, mon imperfection, vous savez bien que
> jamais je ne pourrais aimer mes sœurs comme vous les
> aimez, si <u>vous-même</u>, ô mon Jésus, ne les <u>aimiez</u>
> encore <u>en moi</u>. C'est parce que vous vouliez m'accor-
> der cette grâce que vous avez fait un commandement
> <u>nouveau</u>. Oh! que je l'aime puisqu'il me donne l'assu-
> rance que votre volonté est d'<u>aimer en moi</u> tous ceux
> que vous me commandez d'aimer.

Laisser aimer Jésus en toi, c'est une façon d'être unie à lui.

> Oui je le sens lorsque je suis charitable, c'est Jésus seul
> qui agit en moi; plus je suis unie à Lui, plus aussi
> j'aime toutes mes sœurs. Lorsque je veux augmenter
> en moi cet amour, lorsque surtout le démon essaie de
> me mettre devant les yeux de l'âme les défauts de telle
> ou telle sœur qui m'est moins sympathique, je m'em-
> presse de rechercher ses vertus, ses bons désirs, je me
> dis que si je l'ai vue tomber une fois elle peut bien
> avoir remporté un grand nombre de victoires qu'elle
> cache par humilité, et que même ce qui me paraît une

faute peut très bien être à cause de l'intention un acte de vertu.

Ce que tu dis là est très éclairant. Peux-tu nous donner un exemple?

C'était pendant une récréation, la portière sonne deux coups, il fallait ouvrir la grande porte des ouvriers pour faire entrer des arbres destinés à la crèche; la récréation n'était pas gaie, car [...] ma Mère chérie [n'était pas là], aussi je pensais que si l'on m'envoyait servir de tierce, je serais bien contente; justement mère Sous-Prieure me dit d'aller en servir ou bien la sœur qui se trouvait à côté de moi, aussitôt je commence à défaire notre tablier, mais assez doucement pour que ma compagne ait quitté le sien avant moi, car je pensais lui faire plaisir en la laissant être tierce. La sœur qui remplaçait la dépositaire nous regardait en riant et voyant que je m'étais levée la dernière, elle me dit: Ah! j'avais bien pensé que ce n'était pas vous qui alliez gagner une perle à votre couronne, vous alliez trop lentement... Bien certainement toute la communauté crut que j'avais agi par nature et je ne saurais dire combien une aussi petite chose me fit de bien à l'âme et me rendit indulgente pour les faiblesses des autres. Cela m'empêche aussi d'avoir de la vanité lorsque je suis jugée favorablement car je me dis ceci: Puisqu'on prend mes petits actes de vertus pour des imperfections, on peut tout aussi bien se tromper en prenant pour vertu ce qui n'est qu'imperfection. Alors je dis avec St Paul: <u>Je me mets fort peu en peine d'être jugée par aucun tribunal humain. Je ne me juge pas moi-même, Celui qui me juge c'est Le Seigneur.</u> Aussi pour me rendre ce jugement favorable, ou plutôt afin de n'être pas jugée du tout, je veux toujours avoir des pensées charitables car Jésus a dit: <u>Ne jugez pas et vous ne serez pas jugés.</u>

Lorsque Jésus parle d'amour, ça rime toujours avec miséricorde. Il s'agit de le voir à l'œuvre dans l'Évangile. L'amour de Jésus est un amour miséricordieux qui accueille l'enfant prodigue, qui pardonne au larron, qui ne juge pas; un amour compatissant qui guérit les démunis, qui croit en l'autre, qui partage le pain de l'amitié; un amour qui nous relève de nos tombeaux, nous ouvre l'avenir, nous rend libre; un amour qui est divin parce que profondément humain.

Aimer c'est tout donner et se donner soi-même.

Nous ne marchons pas seuls sur ce chemin du don de soi. Le Ressuscité se donne à travers nos sourires, nos larmes, nos paroles, nos gestes. C'est à ce signe de l'amour qui se donne que l'on nous reconnaîtra pour ses amis et disciples. Mais pour y arriver, il nous faut aimer avec le cœur même de Jésus, comme tu l'exprimes dans ton poème «Jésus mon Bien-Aimé, rappelle-toi!»

Donne-moi pour t'aimer
ton divin Cœur Lui-Même
De mon désir brûlant
Seigneur, à chaque instant
Rappelle-toi.

On revient toujours à ce désir brûlant que tu associes à la soif de Jésus. Tu es fondamentalement missionnaire et tu n'auras pas de répit tant que l'amour de Dieu ne sera pas satisfait. Tu partages l'ardeur de cette soif d'amour qui te brûle jour et nuit. C'est ta prière, ta vie, comme en font foi ces dernières strophes du cantique composé pour la fête de sœur Marie de la Trinité. Ton amour y est absolu, à la mesure du Christ.

Toi le Grand Dieu, que tout le Ciel adore
Tu vis en moi, Prisonnier nuit et jour
Ta douce voix à toute heure m'implore
Tu me redis: «J'ai soif... J'ai soif d'Amour!...»

Je suis aussi ta prisonnière,
Et je veux redire à mon tour
Ta tendre et divine prière:
«Mon Bien-Aimé, mon Frère
J'ai soif d'Amour!...»

J'ai soif d'Amour, comble mon espérance
Augmente en moi, Seigneur, ton Divin Feu
J'ai soif d'Amour, bien grande est ma souffrance
Ah! je voudrais voler vers toi, mon Dieu!

Ton Amour est mon seul martyre
Plus je le sens brûler en moi
Et plus mon âme te désire...
Jésus, fais que j'expire
D'Amour pour Toi!

Un cœur à cœur quotidien:
la prière

*Un cœur à cœur
qui dure nuit et jour.*

En ces temps de quête spirituelle où abondent les sectes, les nouvelles religions, les ateliers de croissance personnelle, les centres de méditation, on constate une soif de prière, d'intériorité, de contemplation.

Qu'elle est donc grande la puissance de la <u>Prière</u>!

Tu es une carmélite, donc une femme de prière. Qu'est-ce que la prière pour toi?

Pour moi la <u>prière</u>, c'est un élan du cœur, c'est un simple regard jeté vers le Ciel, c'est un cri de reconnaissance et d'amour au sein de l'épreuve comme au sein de la joie; enfin c'est quelque chose de grand, de surnaturel, qui me dilate l'âme et m'unit à Jésus.

Cet élan, ce regard, ce cri me semblent jaillir spontanément de ton cœur. Ta prière est vie et ta vie est prière. Elle est spontanée, libre, simple et profonde. Il me semble que tu ne dois pas utiliser beaucoup de prières toutes faites.

> Il n'est point nécessaire pour être exaucée de lire dans un livre une belle formule composée pour la circonstance; s'il en était ainsi... hélas! que je serais à plaindre!... En dehors de l'Office Divin que [je] suis bien indigne de réciter, je n'ai pas le courage de m'astreindre à chercher dans les livres de belles prières, cela me fait mal à la tête, il y en a tant!... et puis elles sont toutes plus belles les unes que les autres... Je ne saurais les réciter toutes et ne sachant laquelle choisir, je fais comme les enfants qui ne savent pas lire, je dis tout simplement au Bon Dieu ce que je veux lui dire, sans faire de belles phrases, et toujours Il me comprend...

Pourtant, tu as composé de bien belles prières, car ce ne sont pas les inspirations de l'Esprit Saint qui te manquent.

> Je ne méprise pas les pensées profondes qui nourrissent l'âme et l'unissent à Dieu, mais il y a longtemps que j'ai compris qu'il ne faut pas s'appuyer sur elles et faire consister la perfection à recevoir beaucoup de lumières. Les plus belles pensées ne sont rien sans les œuvres; il est vrai que les autres peuvent en retirer beaucoup de profit si elles s'humilient et témoignent au bon Dieu leur reconnaissance de ce qu'il leur permet de partager le festin d'une âme qu'il

Lui plaît d'enrichir de ses grâces, mais si cette âme se complaît dans ses belles pensées et fait la prière du pharisien, elle devient semblable à une personne mourant de faim devant une table bien garnie pendant que tous ses invités y puisent une abondante nourriture et parfois jettent un regard d'envie sur le personnage possesseur de tant de biens. Ah! comme il n'y a bien que le Bon Dieu tout seul qui connaisse le fond des cœurs... que les créatures ont de courtes pensées!... Lorsqu'elles voient une âme plus éclairée que les autres, aussitôt elles en concluent que Jésus les aime moins que cette âme et [qu'elles] ne peuvent être appelées à la même perfection. Depuis quand le Seigneur n'a-t-Il plus le droit de se servir d'une de ses créatures pour dispenser aux âmes qu'Il aime la nourriture qui leur est nécessaire?

Tu parles simplement à Dieu et tu sens qu'il te comprend, que ce soit à l'église, dans la nature et même lorsque tu allais à la pêche avec ton père.

J'aimais tant la campagne, les fleurs et les oiseaux! Quelquefois j'essayais de pêcher avec ma petite ligne, mais je préférais aller m'asseoir seule sur l'herbe fleurie, alors mes pensées étaient bien profondes et sans savoir ce que c'était [que] de méditer, mon âme se plongeait dans une réelle oraison [...] La terre me semblait un lieu d'exil et je rêvais le Ciel...

Tu avais cinq ans à ce moment-là. Vers dix ans, tu as toujours un grand attrait pour l'oraison, même si personne ne t'a enseigné comment faire.

Un jour une de mes maîtresses de l'Abbaye me demanda ce que je faisais les jours de congé lorsque j'étais seule. Je lui répondis que j'allais derrière mon lit dans un espace vide qui s'y trouvait et qu'il m'était facile de fermer avec le rideau, et que là «je pensais.» — Mais à quoi pensez-vous, me dit-elle? — Je pense au bon Dieu, à la vie... à l'ÉTERNITÉ, enfin je pense!... La bonne religieuse rit beaucoup de moi, plus tard elle aimait à me rappeler le temps où je pensais, me demandant si je pensais encore... Je comprends maintenant que je faisais oraison sans le savoir et que déjà le Bon Dieu m'instruisait en secret.

Je suis convaincu que bien des gens font, comme toi, oraison sans le savoir. Toi, tu y vois Dieu qui t'instruisait en secret. Dieu est toujours là en Jésus qui t'instruit, t'accompagne, te guide. Comment cela se passe-t-il?

Jésus n'a point besoin de livres ni de docteurs pour instruire les âmes, Lui le Docteur des docteurs, il enseigne sans bruit de paroles... Jamais je ne l'ai entendu parler, mais je sens qu'Il est en moi, à chaque instant, Il me guide, m'inspire ce que je dois dire ou faire. Je découvre juste au moment où j'en ai besoin des lumières que je n'avais pas encore vues, ce n'est pas le plus souvent pendant mes oraisons qu'elles sont le

plus abondantes, c'est plutôt au milieu des
occupations de ma journée.

Ta vie est donc une oraison continuelle, «un simple regard jeté vers
le Ciel». Il n'y a vraiment rien de compliqué. Ainsi, lorsque vers six
ans tu vois la mer pour la première fois à Trouville, tu ne peux t'empêcher de la regarder sans cesse, car tout te parle «de la Grandeur
et de la Puissance du Bon Dieu». À cet âge, tu prends une grande
résolution qui transformera ton regard à jamais.

Près de Pauline, je pris la résolution de ne jamais
éloigner mon âme du regard de Jésus.

Tu l'aimes beaucoup, ce Jésus, n'est-ce pas? Il te semble si intime. À
l'école, vers l'âge de dix ans, tu aimes mieux lui parler que de parler
de lui. Pourquoi?

Personne ne faisait attention à moi, aussi je montais à
la tribune de la chapelle et je restais devant le Saint
Sacrement jusqu'au moment où Papa venait me chercher, c'était ma seule consolation, Jésus n'était-Il pas
mon unique ami?... Je ne savais parler qu'à lui, les
conversations avec les créatures, même les conversations pieuses, me fatiguaient l'âme... Je sentais qu'il
valait mieux parler à Dieu que de parler de Dieu, car il
se mêle tant d'amour-propre dans les conversations
spirituelles!

Si les paroles des créatures te fatiguent, la Parole de Dieu te nourrit
et t'éclaire. Pour rencontrer Jésus, tu reviens sans cesse à l'Évangile.

C'est par-dessus tout l'<u>Évangile</u> qui m'entretient
pendant mes oraisons, en lui je trouve tout ce qui est
nécessaire à ma pauvre petite âme. J'y découvre
toujours de nouvelles lumières, des sens cachés et
mystérieux.

Tu aurais été une bonne exégète, je pense. Ce retour à l'Évangile fut
une grande caractéristique du concile Vatican II. Tu souhaitais lire le
texte biblique dans sa langue originelle pour mieux connaître Dieu
et le prier en esprit et en vérité. En 1896, tu établis une concordance
des textes évangéliques sur les apparitions du Ressuscité. Tu as compris que Jésus enseigne par l'Évangile.

C'est seulement au Ciel que nous verrons la vérité sur
toute chose. Sur la terre, c'est impossible. Ainsi, même
pour la Sainte Écriture, n'est-ce pas triste de voir
toutes les différences de traduction. Si j'avais été
prêtre, j'aurais appris l'hébreu et le grec, je ne me serais
pas contentée du latin, comme cela j'aurais connu le
vrai texte dicté par l'Esprit Saint.

Dans un de tes poèmes, tu écris que tu veux mourir les armes à la
main. Ces armes sont pour toi les trois vœux: la pauvreté, la chaste-
té et l'obéissance. Mais pour mener le bon combat de l'amour, Jésus
utilise en toi trois autres armes: le sourire qui tend des ponts, le
silence devant les fausses accusations et la prière qui surmonte les
obstacles.

Ah! c'est la prière, c'est le sacrifice qui font toute ma
force, ce sont les armes invincibles que Jésus m'a

données, elles peuvent bien plus que les paroles
toucher les âmes, j'en ai fait bien souvent l'expérience.

Sacrifice, oui, car tes deux heures d'oraison quotidienne se déroulent très souvent dans l'aridité, le désert, la nuit, et ce depuis les débuts de ta vie au carmel.

La sécheresse était mon pain quotidien, privée de
toute consolation j'étais cependant la plus heureuse
des créatures, puisque tous mes désirs étaient satisfaits.

Tu n'as donc pas de consolations dans l'oraison?

Ma consolation c'est de n'en pas avoir sur la terre. Sans
se montrer, sans faire entendre sa voix Jésus m'instruit
dans le secret.

Tu n'as pas non plus de consolations durant tes actions de grâces après la messe. Est-ce que cela te désole?

Je trouve cela tout naturel puisque je me suis offerte à
Jésus non comme une personne qui désire recevoir sa
visite pour sa propre consolation, mais au contraire
pour le plaisir de Celui qui se donne à moi [...] Il me
semble lorsque Jésus descend dans mon cœur qu'Il est
content de se trouver si bien reçu et moi je suis contente aussi... Tout cela n'empêche pas les distractions
et le sommeil de venir me visiter, mais au sortir de
l'action de grâces voyant que je l'ai si mal faite je
prends la résolution d'être tout le reste de la journée
en action de grâces.

Tu dors souvent pendant l'oraison du matin, car les heures de sommeil sont trop courtes pour toi. Jésus aussi semble dormir. Alors vous dormez ensemble, et tu ne t'en scandalises pas.

> Je devrais me désoler de dormir (depuis 7 ans) pendant mes oraisons et mes actions de grâces, eh bien, je ne me désole pas... je pense que les petits enfants plaisent autant à leurs parents lorsqu'ils dorment que lorsqu'ils sont éveillés.

Toujours la confiance, principale caractéristique de ta petite voie! Lorsque ce n'est pas le sommeil qui te visite durant l'oraison, c'est un drôle de bruit qui te distrait. Raconte-nous.

> Longtemps, à l'oraison du soir, je fus placée devant une sœur qui avait une drôle de manie, et je pense... beaucoup de lumières, car elle se servait rarement d'un livre, voici comment je m'en apercevais. Aussitôt que cette sœur était arrivée, elle se mettait à faire un étrange petit bruit qui ressemblait à celui qu'on ferait en frottant deux coquillages l'un contre l'autre. Il n'y avait que moi qui m'en apercevais, car j'ai l'oreille extrêmement fine (un peu trop parfois). Vous dire [...] combien ce petit bruit me fatiguait, c'est chose impossible; j'avais grande envie de tourner la tête et de regarder la coupable qui, bien sûr, ne s'apercevait pas de son tic, c'était l'unique moyen de l'éclairer; mais au fond du cœur je sentais qu'il valait mieux souffrir cela pour l'amour du bon Dieu et pour ne pas faire de la peine à la sœur. Je restais donc tranquille, j'essayais de

m'unir au bon Dieu, d'oublier le petit bruit... tout
était inutile, je sentais la sueur qui m'inondait et j'étais
obligée de faire simplement une oraison de souffrance,
mais tout en souffrant, je cherchais le moyen de le
faire non pas avec agacement, mais avec joie et paix,
au moins dans l'intime de l'âme, alors je tâchai
d'aimer le petit bruit si désagréable; au lieu d'essayer
de ne pas l'entendre (chose impossible) je mettais mon
attention à le bien écouter comme s'il eût été un
ravissant concert et toute mon oraison (qui n'était pas
celle de <u>quiétude</u>) se passait à offrir ce concert à Jésus.

Voilà une bonne façon de prier: accueillir les distractions, les aimer
même, prier avec elles, au lieu de les chasser ou de lutter. Thérèse
d'Avila, en bonne pédagogue, donne aussi d'excellents trucs pour
entretenir le feu dans l'oraison. As-tu d'autres moyens qui t'aident à
durer dans la prière et qui peuvent aussi nous aider?

Quelquefois lorsque mon esprit est dans une si grande
sécheresse qu'il m'est impossible d'en tirer une pensée
pour m'unir au Bon Dieu, je récite <u>très lentement</u> un
«Notre Père» et puis la salutation angélique; alors ces
prières me ravissent, elles nourrissent mon âme bien
plus que si je les avais récitées précipitamment une
centaine de fois...

La récitation lente du «Notre Père» ou du «Je vous salue, Marie» aide effectivement à fixer l'attention, à revenir au lieu secret de la prière qu'est le sanctuaire du cœur. Il y a aussi les prières récitées en commun.

> J'aime beaucoup les prières communes car Jésus a promis de <u>se trouver au milieu de ceux qui s'assemblent en son nom</u>, je sens alors que la ferveur de mes sœurs supplée à la mienne, mais toute seule (j'ai honte de l'avouer) la récitation du chapelet me coûte plus que de mettre un instrument de pénitence... Je sens que je le dis si mal, j'ai beau m'efforcer de méditer les mystères du rosaire, je n'arrive pas à fixer mon esprit... Longtemps je me suis désolée de ce manque de dévotion qui m'étonnait, car <u>j'aime tant</u> la <u>Sainte Vierge</u> qu'il devrait m'être facile de faire en son honneur des prières qui lui sont agréables. Maintenant je me désole moins, je pense que la Reine des Cieux étant <u>ma</u> <u>MÈRE</u>, elle doit voir ma bonne volonté et qu'elle s'en contente.

Le ton répétitif du chapelet convient mal à ton tempérament de contemplative qui aime «penser», aimer en silence. Pourtant, tu l'aimes, Marie. Le dernier poème que tu composes avant ta mort lui est consacré: *Pourquoi je t'aime, ô Marie!* Tu n'emploies jamais le mot «dévotion» pour Marie, mais le mot «amour». Tu te rappelleras toujours son sourire qui t'a guérie d'une terrible maladie à l'âge de dix ans.

> Tout à coup la Sainte Vierge me parut <u>belle</u>, si <u>belle</u> que jamais je n'avais vu rien de si beau, son visage

respirait une bonté et une tendresse ineffable, mais ce qui me pénétra jusqu'au fond de l'âme ce fut le «ravissant sourire de la Ste Vierge».

Réciter le chapelet demeure pour toi un vrai tourment, mais cela n'altère en rien ta confiance en sa protection.

> La Sainte Vierge me montre qu'elle n'est pas fâchée contre moi, jamais elle ne manque de me protéger aussitôt que je l'invoque. S'il me survient une inquiétude, un embarras, bien vite je me tourne vers elle et toujours comme la plus tendre des Mères elle se charge de mes intérêts. Que de fois en parlant aux novices, il m'est arrivé de l'invoquer et de ressentir les bienfaits de sa maternelle protection!

Marie t'aide à ne trouver aucun moment où tu ne te sais pas aimée de Dieu, aucun lieu qui ne soit vide de Dieu, aucun endroit où son regard n'est pas posé sur toi. Ta prière est de foi. Elle se nourrit surtout de la Bible. C'est la Parole de Dieu qui t'accompagne dans tes oraisons. Mais que fais-tu lorsque tu ressens vraiment ton inca-pacité à prier?

> J'en ai fait l'expérience quand je ne sens rien, que je suis INCAPABLE de prier, de pratiquer la vertu, c'est alors le moment de chercher de petites occasions, des riens qui font plaisir, plus de plaisir à Jésus que l'empire du monde ou même que le martyre souffert généreusement, par exemple, un sourire, une parole aimable alors que j'aurais envie de ne rien dire ou d'avoir l'air ennuyé.

On peut donc prier sans cesse si on aime. Tu nous montres que prier n'est pas une performance. D'ailleurs, tu n'utilises pas de techniques ou de méthodes. La charité nourrit ta prière et celle-ci renvoie à la charité. Action et contemplation se rencontrent, prière et fécondité s'embrassent. Cependant, quelqu'un t'a aidée à prier, t'exhortant à semer de l'amour pour ne récolter que de l'amour.

> Ah! que de lumières n'ai-je pas puisées dans les œuvres de Notre P[ère] S^t J[ean] de la C[roix]!... À l'âge de 17 et 18 ans je n'avais pas d'autre nourriture spirituelle, mais plus tard tous les livres me laissèrent dans l'aridité et je suis encore dans cet état.

Tous les livres, sauf l'Évangile.

> Je n'ai qu'à jeter les yeux dans le St Évangile, aussitôt je respire les parfums de la vie de Jésus et je sais de quel côté courir... Ce n'est pas à la première place, mais à la dernière que je m'élance; au lieu de m'avancer avec le pharisien, je répète, remplie de confiance, l'humble prière du publicain, mais surtout j'imite la conduite de Madeleine; son étonnante ou plutôt son amoureuse audace, qui charme le Cœur de Jésus, séduit le mien.

Revenons à Jean de la Croix, dont l'influence ne se manifeste pas seulement lorsque tu as dix-huit ans, mais est présente jusque dans ton agonie. Le saint de l'amour chemine avec toi au carmel, car tu as soif d'amour. Il te guide dans les nuits que tu traverses, où tu es agie de l'intérieur par l'Esprit Saint. En lisant ses dernières œuvres, *Le Cantique spirituel* et *La Vive Flamme d'amour*, tu t'élèves plus haut, au-delà de toute science, vers un je ne sais quoi que ton cœur brûle d'obtenir. Sans appui, tu ne comptes que sur Dieu, pour qu'il te consume dans son amour.

> Je dis avec St Jean de la Croix: «J'ai en mon bien aimé les montagnes, les vallées solitaires et boisées, etc.»...
> Et ce bien aimé instruit mon âme, Il lui parle dans le silence, dans les ténèbres.

Jean de la Croix t'inspire les mots pour exprimer l'amour divin en termes de feu. Il donne des ailes à ton désir de Dieu. Certes, tu n'as pas son génie littéraire. Ses poèmes sont la substance de son expérience même, alors que les tiens sont la simple expression de ce que tu vis et de ce que tu voudrais vivre, la traduction de tes sentiments, comme tu l'écris à l'abbé Bellière qui aime bien tes poèmes-prières.

> Ces pauvres poésies vous révéleront non pas ce que je suis, mais ce que je voudrais et devrais être... En les composant j'ai regardé plus au fond qu'à la forme, aussi les règles de la versification ne sont pas toujours respectées, mon but était de traduire mes sentiments (ou plutôt les sentiments de la carmélite) afin de répondre aux désirs de mes sœurs.

Tu mets en vers un poème de Jean de la Croix, *Glose sur le Divin*, qui décrit très bien ce que tu veux vivre.

> L'Amour, j'en ai l'expérience
> Du bien, du mal qu'il trouve en moi
> Sait profiter (quelle puissance)
> Il transforme mon âme en soi.

Ce Feu qui brûle dans mon âme
Pénètre mon cœur sans retour
Ainsi dans sa charmante flamme
Je vais me consumant d'Amour!

Jean de la Croix te montre que la meilleure méthode de prière est peut-être de ne pas en avoir. Comme lui, tu t'abandonnes au Christ dans le plus grand détachement. Il te laisse cette exigence du dépouillement intérieur.

Si tu n'es rien il ne faut pas oublier que Jésus est <u>tout</u>, aussi il faut perdre ton petit rien dans son <u>infini tout</u> et ne plus penser qu'à ce <u>tout</u> uniquement aimable.

Ta prière, c'est la liberté dans le renoncement. Il ne s'agit pas de réaliser des prouesses, mais d'enlever ce qui fait obstacle à l'amour de Dieu qui veut tout envahir. Voilà la véritable ascèse. Et si tu t'endors à l'oraison, un peu comme saint Pierre au jardin de Gethsémani, tu restes unie à Jésus, comme le fer au creuset du feu.

Si le feu et le fer avaient la raison et que ce dernier disait à l'autre: Attire-moi, ne prouverait-il pas qu'il désire s'identifier au feu de manière qu'il le pénètre et l'imbibe de sa brûlante substance et semble ne faire qu'un avec lui?

Bref, quelle est ta prière, Thérèse?

Voici ma prière, je demande à Jésus de m'attirer dans les flammes de son amour, de m'unir si étroitement à Lui, qu'Il vive et agisse en moi. Je sens que plus le feu de l'amour embrasera mon cœur, plus je dirai: <u>Attirez-moi</u>, plus aussi les âmes qui s'approcheront de moi (pauvre petit débris de fer inutile, si je m'éloignais du brasier divin), plus ces âmes <u>courront avec vitesse à l'odeur des parfums de leur Bien-Aimé</u>; car une âme embrasée d'amour ne peut rester inactive, sans doute comme Ste Madeleine elle se tient aux pieds de Jésus, elle écoute sa parole douce et enflammée.

Cette union à Jésus dans la prière s'épanouit non seulement dans les cloîtres mais au cœur du monde, sur nos routes où marchent les hommes et les femmes en quête de joie. L'oraison devient alors le levier qui soulève le monde.

Un Savant a dit: «<u>Donnez-moi un levier, un point d'appui, et je soulèverai le monde</u>». Ce qu'Archimède n'a pu obtenir parce que sa demande ne s'adressait point à Dieu et qu'elle n'était faite qu'au point de vue matériel, les Saints l'ont obtenu dans toute sa plénitude. Le Tout-Puissant leur a donné pour point d'appui: <u>Lui-même</u>, et <u>Lui seul</u>. Pour levier: <u>L'oraison</u> qui embrase d'un feu d'amour, et c'est ainsi qu'ils ont <u>soulevé le monde</u>, c'est ainsi que les Saints encore militants le soulèvent et que jusqu'à la fin du monde les Saints à venir le soulèveront aussi.

À la condition de laisser l'Esprit prier en nous et de nous abandonner avec Jésus dans les bras du Père.

«Nous ne savons rien demander comme il faut mais c'est l'Esprit qui demande en nous avec des gémissements qui ne se peuvent exprimer» (St Paul). Nous n'avons donc qu'à livrer notre âme, à l'abandonner à notre grand Dieu. Qu'importe alors qu'elle soit sans dons qui brillent à l'extérieur puisqu'au-dedans brille le Roi des Rois avec toute sa gloire! Qu'il faut qu'une âme soit grande pour contenir un Dieu!

Je voudrais terminer cet entretien en relatant une scène qui récapitule ce que nous avons dit sur la prière. Cela se passe dans la nuit du 2 septembre 1897, soit moins d'un mois avant ta mort. Tu es alitée à l'infirmerie du carmel. Sœur Geneviève, ta Céline, se lève la nuit, comme elle le fait souvent, pour voir si tu ne manques de rien. Elle te trouve les mains jointes et les yeux levés au ciel. Elle te conseille de dormir. Et toi de répondre: «Je ne puis pas, je souffre trop, alors je prie...» Céline te demande ce que tu dis à Jésus. Tu lui réponds: «Je ne lui dis rien, je l'aime.»

La nuit de la foi:
la souffrance

Je veux bien
y manger seule
le pain de l'épreuve.

Thérèse, tu es, comme toute personne, unique et différente. Tu possèdes une voix qui t'est propre; tu approches la vérité selon ton rythme; tu construis ta vie selon ton originalité; tu retournes au silence sans avoir eu le temps de te dire pleinement. Mais avant d'entrer dans la vie éternelle, tu vas vivre une épreuve terrible, une nuit que tu ne connaissais pas, celle du néant, qui mettra ta foi à rude épreuve. Cette période va durer les dix-huit derniers mois de ta vie. Comment cela a-t-il commencé?

> Le jour du Vendredi saint, Jésus voulut me donner
> l'espoir d'aller bientôt le voir au Ciel... Oh! qu'il m'est
> doux ce souvenir!... Après être restée au Tombeau
> jusqu'à minuit, je rentrai dans notre cellule, mais à

peine avais-je eu le temps de poser ma tête sur l'oreiller que je sentis comme un flot qui montait, montait en bouillonnant jusqu'à mes lèvres. Je ne savais pas ce que c'était, mais je pensais que peut-être j'allais mourir et mon âme était inondée de joie... Cependant comme notre lampe était soufflée, je me dis qu'il fallait attendre au matin pour m'assurer de mon bonheur, car il me semblait que c'était du sang que j'avais vomi. Le matin ne se fit pas longtemps attendre; en m'éveillant, je pensai tout de suite que j'avais quelque chose de gai à apprendre, en m'approchant de la fenêtre je pus constater que je ne m'étais pas trompée... Ah! mon âme fut remplie d'une grande consolation, j'étais intimement persuadée que Jésus au jour anniversaire de sa mort voulait me faire entendre un premier appel. <u>C'était comme un doux et lointain murmure qui m'annonçait l'arrivée de l'Époux.</u>

Certains pourraient penser que tu es un peu masochiste. Et pourtant, malgré le climat doloriste de ton époque, tes écrits ne renferment aucune trace de masochisme, la souffrance étant complètement assumée dans l'amour. Dans cet épisode du Vendredi Saint 1896, tu es semblable à une amoureuse qui se réjouit d'avoir des nouvelles de son amant parti au loin. Cette première hémoptysie te comble de joie, puisque tu y vois le signe annonciateur de la venue de l'Époux, l'espoir de le voir bientôt au Ciel. Les premières manifestations de la tuberculose ne sont donc pas une source d'angoisse, mais un signal, un appel de Jésus. Tu es entrée au carmel pour lui, tu lui as tout donné, et voilà qu'il te répond par ce sang, aussi ton âme est inondée de joie à la pensée de le voir face à face. La souffrance est le moyen de t'unir encore plus à Jésus, la voie royale qui mène à Pâques.

Jamais les austérités du carmel ne m'avaient semblé aussi délicieuses, l'espoir d'aller au Ciel me transportait d'allégresse.

Cependant, il te faut traverser un tunnel bien obscur, un véritable martyre auquel tu n'as pas pensé: la nuit de la foi et de l'espérance qui t'enlèvera ce qui fait ta joie, la pensée du ciel. Tu bascules dans un autre monde, celui de l'incroyance.

Je jouissais alors d'une <u>foi</u> si vive, si claire, que la pensée du Ciel faisait tout mon bonheur, je ne pouvais croire qu'il y eût des impies n'ayant pas la foi. Je croyais qu'ils parlaient contre leur pensée en niant l'existence du Ciel, du beau Ciel où Dieu Lui-Même voudrait être leur éternelle récompense. Aux jours si joyeux du temps pascal, Jésus m'a fait sentir qu'il y a véritablement des âmes qui n'ont pas la foi, qui par l'abus des grâces perdent ce précieux trésor, source des seules joies pures et véritables. Il permit que mon âme fût envahie des plus épaisses ténèbres et que la pensée du Ciel si douce pour moi ne soit plus qu'un sujet de combat et de tourment... Cette épreuve ne devait pas durer quelques jours, quelques semaines, elle devait ne s'éteindre qu'à l'heure marquée par le Bon Dieu et... cette heure n'est pas encore venue.

Tu écris cela en juin 1897, dans le manuscrit dédié à mère Marie de Gonzague. Cette nuit de la foi, tu la vis encore lorsque tu rédiges ce qui servira plus tard à ta notice nécrologique. Tu es plongée au creux des ténèbres où tu ne comprends plus rien. C'est la foi pure, dénudée, privée de toute consolation, puisque l'objet de ton espérance t'est enlevé. Cela peut ressembler à ce que bon nombre de croyants vivent aujourd'hui dans une Église souffrante qui n'est plus qu'une voix parmi tant d'autres. Mais tu veux bien te faire comprendre de ta mère prieure, aussi tu continues à t'expliquer.

> Je voudrais pouvoir exprimer ce que je sens, mais hélas je crois que c'est impossible. Il faut avoir voyagé sous ce sombre tunnel pour en comprendre l'obscurité. Je vais cependant essayer de l'expliquer par une comparaison. Je suppose que [je] suis née dans un pays environné d'un épais brouillard, jamais je n'ai contemplé le riant aspect de la nature, inondée, transfigurée par le brillant soleil; dès mon enfance il est vrai, j'entends parler de ces merveilles, je sais que le pays où je suis n'est pas ma patrie, qu'il en est un autre vers lequel je dois sans cesse aspirer. Ce n'est pas une histoire inventée par un habitant du triste pays où je suis, c'est une réalité certaine car Le Roi de la patrie au brillant soleil est venu vivre 33 ans dans le pays des ténèbres, hélas! les ténèbres n'ont point compris que ce Divin Roi était la lumière du monde... Mais Seigneur, votre enfant l'a comprise votre divine lumière, elle vous demande pardon pour ses frères, elle accepte de manger aussi longtemps que vous le voudrez le pain de la douleur et ne veut point se lever de cette table remplie

d'amertume où mangent les pauvres pécheurs avant le jour que vous avez marqué... Mais aussi ne peut-elle pas dire en son nom, au nom de ses frères: <u>Ayez pitié de nous Seigneur, car nous sommes de pauvres pécheurs!</u>... Oh! Seigneur, renvoyez-nous justifiés... Que tous ceux qui ne sont point éclairés du lumineux flambeau de la Foi le voient luire enfin... ô Jésus s'il faut que la table souillée par eux soit purifiée par une âme qui vous aime, je veux bien y manger seule le pain de l'épreuve jusqu'à ce qu'il vous plaise de m'introduire dans votre lumineux royaume. La seule grâce que je vous demande c'est de ne jamais vous offenser!

La nuit de la foi te détache vraiment de tout pour ne faire qu'un avec Jésus qui a donné le paradis au bon larron, mangeant avec lui le pain de la douleur. À la suite du Crucifié, tu te fais solidaire des pécheurs en partageant avec eux la même table remplie d'amertume. Voilà bien le sens que tu donnes à cette épreuve de l'espérance: sauver tes frères en offrant ce que tu souffres. Plus tu aimes et crois, plus tu souffres et espères, malgré les brouillards et les ténèbres.

De même que le génie de Christophe Colomb lui fit pressentir qu'il existait un nouveau monde alors que personne n'y avait songé, ainsi je sentais qu'une autre terre me servirait un jour de demeure stable, mais tout à coup les brouillards qui m'environnent deviennent plus épais, ils pénètrent dans mon âme et l'enveloppent de telle sorte qu'il ne m'est plus possible de retrouver en elle l'image si douce de ma Patrie, tout a disparu! Lorsque je veux reposer mon cœur fatigué des ténèbres qui l'entourent par le souvenir du pays lumineux vers lequel j'aspire, mon tourment redouble, il me semble que les ténèbres empruntant la voix des pécheurs me disent en se moquant de moi: «Tu rêves la lumière, une patrie embaumée des plus suaves parfums, tu rêves la possession <u>éternelle</u> du Créateur de toutes ces merveilles, tu crois sortir un jour des brouillards qui t'environnent, avance, avance, réjouis-toi de la mort qui te donnera, non ce que tu espères, mais une nuit plus profonde encore, la nuit du néant.»

Tu frôles vraiment le désespoir. Toutefois, tu t'en sors assez bien car tu vis et souffres une minute à la fois, sans trop penser au lendemain. En revanche, ce n'est pas facile pour toi d'exprimer en mots ces ténèbres qui assaillent ton âme.

L'image que j'ai voulu vous donner des ténèbres qui obscurcissent mon âme est aussi imparfaite qu'une ébauche comparée au modèle, cependant je ne veux pas en écrire plus long, je craindrais de blasphémer... J'ai peur même d'en avoir trop dit...

Tu veux tellement croire que tu copies avec ton sang le Credo à la fin de l'Évangile que tu portes toujours sur toi. Tu verses ainsi ton sang pour Jésus et tu ne te fies plus que sur sa fidélité. Ta folie sera vraiment d'espérer jusqu'au bout de la nuit en croyant que Dieu est présent dans le drame que tu vis.

Ah! que Jésus me pardonne si je Lui ai fait de la peine, mais Il sait bien que tout en n'ayant pas la <u>jouissance de la Foi</u>, je tâche au moins d'en faire les œuvres. Je crois avoir fait plus d'actes de foi depuis un an que pendant toute ma vie. À chaque nouvelle occasion de combat, lorsque mes ennemis viennent me provoquer, je me conduis en brave; sachant que c'est une lâcheté de se battre en duel, je tourne le dos à mes adversaires sans daigner les regarder en face, mais je cours vers mon Jésus, je Lui dis être prête à verser jusqu'à la dernière goutte de mon sang pour confesser qu'il y a un <u>Ciel</u>. Je Lui dis que je suis heureuse de ne pas jouir de ce beau Ciel sur la terre afin qu'Il l'ouvre pour l'éternité aux pauvres incrédules. Aussi malgré cette épreuve qui m'enlève <u>toute jouissance</u>, je puis cependant m'écrier: «<u>Seigneur, vous me comblez de JOIE par TOUT ce que vous faites</u> (Ps. XCI).» Car est-il une <u>joie</u> plus grande que celle de souffrir pour votre amour?... Plus la souffrance est intime [et] moins elle paraît aux yeux des créatures, plus elle vous réjouit, ô mon Dieu, mais si par impossible vous-même deviez ignorer ma souffrance, je serais encore heureuse de la posséder si par elle je pouvais empêcher ou réparer une seule faute commise contre <u>la Foi</u>...

Quelle foi amoureuse, Thérèse! Tu veux réparer en secret les erreurs des autres en partageant la table de tous les souffrants. Où puises-tu cette audace?

> Jésus brûle d'amour pour nous [...] Regarde Jésus dans
> sa Face... Là tu verras comme il nous aime.

Peu de temps après ton entrée au carmel, ton père tombe malade, puis est interné dans un hôpital psychiatrique à Caen. Tu vis une grande désolation intérieure. La rumeur court à Lisieux que c'est à cause de ton départ que ton père est devenu fou. Ta souffrance est terrible, même si tu vois dans le visage de ton père humilié la face outragée de Jésus. Tu cries ta détresse à ta sœur Céline.

> Oh! qu'il en coûte de vivre, de rester sur cette terre
> d'amertume et d'angoisse [...] C'est là un grand amour
> d'aimer Jésus sans sentir la douceur de cet amour...
> c'est là un martyre.

Pour toi, la Sainte Face de Jésus est, comme la Vierge Marie et le Sacré-Cœur, beaucoup plus qu'une simple dévotion. C'est Jésus lui-même qui t'aide à souffrir par amour, sans jouissance. Tu la contemplas souvent, cette Sainte Face, au chœur de la chapelle dans tes oraisons arides. À la Transfiguration, le 6 août 1897, on descend le tableau dans ta chambre à l'infirmerie.

> Oh! que cette Sainte Face là m'a fait de bien
> dans ma vie!

Tu vois à travers ce visage voilé, humilié, la lumière même du Ressuscité. À une époque où l'on met, dans la liturgie comme ailleurs, plus d'importance sur les souffrances de Jésus que sur son triomphe de la mort, tu ne sépares pas le Crucifié du Ressuscité, le Vendredi Saint du matin de Pâques. Le christianisme est essentiellement la religion de la joie. L'Évangile est justement cette Bonne Nouvelle parce que le Christ est ressuscité. Et cela paraît sur la Face de Jésus que tu contemples. L'Évangile et la force de Jésus t'aident à vivre, comme tu l'exprimes dans un poème adressé à sainte Cécile.

> La Face de Jésus te montrait sa lumière,
> L'Évangile sacré reposait sur ton cœur...

À travers les yeux clos de ce visage offert, tu entends le silence de l'Amour qui se donne. Cette Face est ta seule richesse, tu la portes jusque dans ton nom de religieuse. Elle guide tes pas, t'éclaire dans ta nuit. Tu te caches en elle pour mieux ressembler à Jésus. Durant cette épreuve, où tu acceptes tout par amour, tu composes cette prière.

> Ô Face Adorable de Jésus, seule Beauté qui ravit
> mon cœur, daigne imprimer en moi ta Divine
> Ressemblance, afin que tu ne puisses regarder l'âme
> de ta petite épouse sans te contempler Toi-Même.
> Ô mon Bien-Aimé, pour ton amour, j'accepte de ne
> pas voir ici-bas la douceur de ton Regard, de ne pas
> sentir l'inexprimable baiser de ta Bouche, mais je te
> supplie de m'embraser de ton amour, afin qu'il me
> consume rapidement et fasse bientôt paraître
> devant toi.

Tu accomplis dans ta chair et dans ta foi ton offrande à l'amour miséricordieux. Tu te laisses transformer par le feu d'amour de Jésus pour lui être totalement configurée. Tu aimes Jésus. Tu veux l'aimer toujours plus, même si tu ne ressens pas son amour. Aimer est une décision, un acte.

> Ne craignez pas de lui dire que vous l'<u>aimez</u>, <u>même sans le sentir</u>, c'est le moyen de <u>forcer</u> Jésus à vous secourir, à vous porter comme un petit enfant trop faible pour marcher.

La souffrance physique et spirituelle te creuse, te dépouille, te purifie, alors Jésus prend toute la place. Comme lui sur la croix, tu ne peux plus rien faire, sauf aimer et donner ta vie pour la multitude en remettant ton esprit au Père. N'est-ce pas pour cela que tu es heureuse de souffrir?

> La pensée du bonheur céleste, non seulement ne me cause aucune joie, mais encore je me demande parfois comment il me sera possible d'être heureuse sans souffrir [...] C'est donc la seule pensée d'accomplir la volonté du Seigneur qui fait toute ma joie.

La souffrance pour elle-même n'a aucune valeur, mais vécue dans l'amour, elle devient cette puissante énergie qui sauve le monde. C'est cela qui t'intéresse, non la joie d'aller au ciel. Aimer Jésus et le faire aimer, voilà ton ciel.

> Vous voulez savoir si j'ai de la joie d'aller au Paradis? J'en aurais beaucoup <u>si</u> j'y allais, mais... je ne compte

pas sur la maladie, c'est une trop lente conductrice. <u>Je ne compte plus</u> que sur l'<u>amour</u>.

Tu accueilles la souffrance comme une grâce, puisqu'en elle tu te reçois de la compassion d'un Dieu qui n'a pas craint de porter lui-même sa croix, jusqu'à en mourir. Telle est aussi ton épreuve qu'aucun mot ne peut vraiment exprimer.

Je vous parais peut-être exagérer mon épreuve, en effet si vous jugez d'après les sentiments que j'exprime dans les petites poésies que j'ai composées cette année, je dois vous sembler une âme remplie de consolations et pour laquelle le voile de la foi s'est presque déchiré, et cependant... ce n'est plus un voile pour moi, c'est un mur qui s'élève jusqu'aux cieux et couvre le firmament étoilé... Lorsque je chante le bonheur du Ciel, l'éternelle possession de Dieu, je n'en ressens aucune joie, car je chante simplement ce que JE VEUX CROIRE. Parfois, il est vrai, un tout petit rayon de soleil vient illuminer mes ténèbres, alors l'épreuve cesse <u>un instant</u>, mais ensuite le souvenir de ce rayon au lieu de me causer de la joie rend mes ténèbres plus épaisses encore.

En cheminant avec Jésus, ta souffrance devient de plus en plus source de paix, parce que liée à l'amour.

Qui dit <u>paix</u> ne dit pas joie, ou du moins joie <u>sentie</u>... Pour souffrir en paix, il suffit de bien vouloir tout ce que Jésus veut.

Qu'il est beau cet abandon — aujourd'hui plusieurs parlent de «lâcher prise» —, qui te permet de souffrir en paix, d'être heureuse de mourir, comme tu l'écris à l'abbé Bellière!

> Ô mon cher petit frère, que je suis heureuse de mourir! oui je suis heureuse, non d'être délivrée des souffrances d'ici-bas (la souffrance unie à l'amour est au contraire la seule chose qui me paraît désirable en la vallée des larmes). Je suis heureuse de mourir parce que je sens que telle est la volonté du bon Dieu et que bien plus qu'ici-bas, je serai utile aux âmes qui me sont chères, à la vôtre tout particulièrement.

La volonté de Dieu! Mais est-ce vraiment lui qui veut ou permet la souffrance? N'est-il pas amour? Ne veut-il pas notre bonheur? L'abandon à Jésus, voilà l'attitude qui te permet d'accueillir la souffrance.

> Depuis longtemps je ne m'appartiens plus, je suis livrée totalement à Jésus, Il est donc libre de faire de moi ce qu'il lui plaira. Il m'a donné l'attrait d'un exil complet, Il m'a fait <u>comprendre toutes</u> les <u>souffrances</u> que j'y rencontrerais, me demandant si je voulais boire ce calice jusqu'à la lie; aussitôt j'ai voulu saisir cette coupe que Jésus me présentait, mais Lui, retirant sa main, me fit comprendre que l'acceptation Le contentait.

Dieu n'impose pas, il demande librement. La souffrance fait partie de notre condition humaine, c'est à nous d'y donner un sens. Toi, tu l'acceptes; elle devient ainsi le lieu d'une visite possible de Dieu. Tu donnes tout, jusqu'au sang de tes mots, comme en témoigne cette fin de lettre à l'abbé Bellière le 26 juillet 1897.

> À Dieu, mon cher petit frère, j'espère vous écrire encore si le tremblement de ma main n'augmente pas, car j'ai été obligée d'écrire ma lettre en plusieurs fois.

Il me semble que Dieu est un peu comme nous devant la souffrance, c'est-à-dire démuni, impuissant, vulnérable. Il renonce à sa puissance pour ne pas nous empêcher de souffrir. Il souffre avec nous, car il respecte notre liberté. Il souffre de nous voir souffrir, puisqu'il est Amour, comme il se réjouit lorsque la maladie est vaincue par le génie humain. Mais ceux et celles qui disent «oui» à sa croix découvrent une fécondité d'ordre surnaturel. Lui-même, le Christ, l'égal de Dieu, s'est dépouillé en prenant notre condition mortelle. Il s'est abaissé jusqu'à mourir sur une croix, aussi Dieu l'a-t-il exalté en lui donnant le Nom qui surpasse tous les noms, comme l'écrit saint Paul dans sa lettre aux Philippiens. Les mystiques chrétiens, dont quelques stig-matisés, témoignent de cette mystérieuse fécondité de la croix. Thé-rèse, tu fais partie du cortège de ces fous d'amour qui veulent con-soler Jésus en étanchant sa soif des âmes par un amour actif, ré-dempteur.

> Jésus veut que le salut <u>des âmes</u> dépende de nos sacrifices, de notre amour, il nous mendie des âmes... ah! comprenons son <u>regard</u>! si peu savent le comprendre [...] Faisons de notre vie un sacrifice continuel, un martyre d'amour, pour consoler Jésus, il ne veut qu'<u>un regard</u>, <u>un soupir</u>, mais un regard et soupir qui soient pour <u>lui seul</u>!

Tes paroles sont celles d'une femme éprise d'un Dieu fait homme qui n'est pas venu expliquer la souffrance mais l'habiter de sa présence. Qu'elle est puissante la souffrance, lorsqu'elle est acceptée par amour! L'amour est ta valeur suprême, Thérèse. Si ta foi te fait dire que c'est Dieu qui t'envoie l'épreuve, elle te fait discerner aussi qu'il a attendu le bon moment. Ton explication reste dans ta logique de rendre amour pour amour en chantant, même dans les larmes, les miséricordes du Seigneur.

> Jamais je n'ai si bien senti combien le Seigneur est doux et miséricordieux, il ne m'a envoyé cette épreuve qu'au moment où j'ai eu la force de la supporter, plus tôt je crois bien qu'elle m'aurait plongée dans le découragement... Maintenant elle enlève tout ce qui aurait pu se trouver de satisfaction naturelle dans le désir que j'avais du Ciel.

Tu vois la souffrance comme un processus de purification qui affine ton désir. Mais tu sais que Dieu donne la force à celui qui souffre dans l'amour. Qu'importe d'où viennent les souffrances, Dieu nous soutient. C'est une conviction profonde chez toi.

> Le bon Dieu me donne du courage en proportion de mes souffrances. Je sens que, pour le moment, je ne pourrais en supporter davantage, mais je n'ai pas peur, puisque si elles augmentent, il augmentera mon courage en même temps.

Qui peut comprendre cette question de la souffrance, de l'épreuve? Devant ce mystère, un mot: pourquoi? Jésus aussi l'a prononcé: «Mon

Dieu, mon Dieu, pourquoi m'as-tu abandonné?» Mais il a ajouté:
«Père, je remets mon esprit entre tes mains.» N'est-ce pas rassurant?

> Il est bien consolant de penser que Jésus, le Dieu Fort,
> a connu nos faiblesses, qu'il a tremblé à la vue du
> calice amer, ce calice qu'autrefois il avait si ardemment
> désiré de boire.

Mais que répondre au tragique silence de Dieu? Quoi dire aux victimes du mal qui cherchent dans la nuit une lumière, une espérance, un sens? Tu proposes une attitude de présence qui respecte le silence: partager avec elles le pain de l'épreuve, ne pas se lever de la table remplie d'amertume, même s'il faut ressentir la souffrance de Dieu qui est présente en ses enfants, même s'il faut étancher la faim d'amour de Dieu et de ses enfants en devenant soi-même une victime d'amour et en se laissant porter par l'amour souffrant du Christ. C'est une disposition qui s'apprend, comme tu l'indiques à ta sœur Céline, quelques années plus tôt.

> Souffrons avec amertume, sans courage!... «Jésus a
> souffert avec <u>tristesse</u>! Sans tristesse est-ce que l'âme
> souffrirait!» Et nous voudrions souffrir généreusement,
> grandement! Céline! Quelle illusion!... Nous
> voudrions ne jamais tomber?... Qu'importe, mon
> Jésus, si je tombe à chaque instant, <u>je vois</u> par là ma
> faiblesse et c'est pour moi un grand gain... <u>Vous voyez</u>
> par là ce que je puis faire et maintenant vous serez plus
> tenté de me porter en vos bras.

Toujours cette voie de confiance et de gratuité qui force le cœur de Dieu à répandre avec joie sa miséricorde. Il ne s'agit pas ici d'être vertueux pour être sauvé, mais d'accepter notre carence d'être, notre faiblesse humaine. Jésus y revient toujours: «Ce ne sont pas les gens bien portants qui ont besoin de médecin, mais les malades. Je ne suis pas venu appeler les justes, mais les pécheurs» (Marc 2, 17). «Car le Fils de l'homme est venu chercher et sauver ce qui était perdu» (Luc, 19, 10). Il exhorte à aller sur les places, dans les rues, et à inviter au banquet du Royaume de Dieu «les pauvres, les estropiés, les aveugles et les boiteux» (Luc 14, 21). C'est ce que tu nous démontres, Thérèse, en t'immolant à l'amour afin d'ouvrir le ciel à tous.

> Il me semble maintenant que rien ne m'empêche de
> m'envoler, car je n'ai plus de grands désirs si ce n'est
> celui d'aimer jusqu'à mourir d'amour...

Tu es comme le grain de blé qui, tombé en terre, se prépare à porter du fruit pour un enfantement éternel. La joie qui t'anime se nourrit à celle que le berger ressent après avoir retrouvé sa brebis égarée.

> Je vois que la <u>souffrance seule</u> peut enfanter les âmes et
> plus que jamais ces sublimes paroles de Jésus me
> dévoilent leur profondeur: «<u>En vérité, en vérité, je
> vous le dis, si le grain de blé étant tombé en terre ne
> vient à mourir, il demeure seul, mais s'il meurt il
> rapporte beaucoup de fruit.</u>»

Tu as soif des âmes qui errent sur des chemins sans issue. Tu te raccroches à Jésus qui déclare qu'«il y aura plus de joie dans le ciel pour un seul pécheur qui se repent que pour quatre-vingt-dix-neuf justes qui n'ont pas besoin de repentir» (Luc 15, 7). Tu le rappelles à ton Bien-Aimé dans un poème incantatoire qui est une méditation biblique de sa vie. Tu chantes pour garder intact le souvenir de ton Jésus lorsque ta mémoire sera plus tard plongée dans la nuit du néant. Se souvenir, voilà l'attitude du croyant.

> Rappelle-toi de la fête des Anges,
> Rappelle-toi de l'harmonie des Cieux
> Et de la joie des sublimes phalanges
> Lorsqu'un pécheur vers toi lève les yeux
> Ah! je veux augmenter cette grande allégresse
> Jésus, pour les pécheurs, je veux prier sans cesse
> Que je vins au Carmel
> Pour peupler ton beau Ciel
> Rappelle-toi...

Le temps des récoltes approche pour toi. Bientôt tu verras l'Amour. Mais l'agonie est longue avant la mise en terre du grain de blé. Puis, tu passes en Dieu dans un élan d'enfant vers 19 h 20 le 30 septembre 1897. Ta dernière parole est: «Oh! je l'aime! Mon Dieu... je vous aime.» Quelques heures auparavant, tu t'exprimais encore sur la souffrance.

> Tout ce que j'ai écrit sur mes désirs de la souffrance.
> Oh! c'est quand même bien vrai! Et je ne me repens
> pas de m'être livrée à l'Amour [...] Jamais je n'aurais
> cru qu'il était possible de tant souffrir! jamais! jamais!
> Je ne puis m'expliquer cela que par les désirs ardents
> que j'ai eus de sauver des âmes.

Terminons cet entretien par des extraits d'une prière-allégorie composée en septembre 1896, soit un an avant ta mort. Il s'agit de la parabole du petit oiseau (toi-même) et de l'Aigle (Jésus). Ne nous laissons

pas tromper par la candeur des images et l'abondance des qualifica-
tifs «petit» et «pauvre»; tu livres ici le combat de ta vie. Faut-il le
rappeler, tu ne fais pas une œuvre littéraire mais une œuvre d'obéissance. Cette élévation mystique destinée à Jésus évoque non seulement ta vie d'oraison vécue dans l'aridité, mais surtout la terrible
épreuve de la foi commencée six mois plus tôt.

> Ô Jésus! mon premier, mon seul Ami, toi que j'aime
> uniquement, dis-moi quel est ce mystère? Pourquoi ne
> réserves-tu pas ces immenses aspirations aux grandes
> âmes, aux Aigles qui planent dans les hauteurs?... Moi
> je me considère comme un faible petit oiseau couvert
> seulement d'un léger duvet, je ne suis pas un aigle, j'en
> ai simplement les yeux et le cœur, car malgré ma
> petitesse extrême j'ose fixer le Soleil Divin, le Soleil de
> l'Amour et mon cœur sent en lui toutes les aspirations
> de l'Aigle... Le petit oiseau voudrait voler vers ce
> brillant Soleil qui charme ses yeux, il voudrait imiter
> les Aigles ses frères qu'il voit s'élever jusqu'au foyer
> Divin de la Trinité Sainte... hélas, tout ce qu'il peut
> faire, c'est de soulever ses petites ailes, mais s'envoler,
> cela n'est pas en son petit pouvoir! que va-t-il devenir?
> mourir de chagrin se voyant aussi impuissant?... Oh
> non! le petit oiseau ne va même pas s'affliger. Avec un
> audacieux abandon, il veut rester à fixer son Divin
> Soleil; rien ne saurait l'effrayer, ni le vent ni la pluie, et
> si de sombres nuages viennent à cacher l'Astre
> d'Amour, le petit oiseau ne change pas de place, il sait
> que par delà les nuages son Soleil brille toujours, que
> son éclat ne saurait s'éclipser un seul instant. Parfois, il

est vrai, le cœur du petit oiseau se trouve assailli par la tempête, il lui semble ne pas croire qu'il existe autre chose que les nuages qui l'enveloppent; c'est alors le moment de la joie parfaite pour le pauvre petit être faible. Quel bonheur pour lui de rester là quand même, de fixer l'invisible lumière qui se dérobe à sa foi! [...] Ô Jésus! que ton petit oiseau est heureux d'être faible et petit, que deviendrait-il s'il était grand?... Jamais il n'aurait l'audace de paraître en ta présence, de sommeiller devant toi... oui, c'est là encore une faiblesse du petit oiseau lorsqu'il veut fixer le Divin Soleil et que les nuages l'empêchent de voir un seul rayon, malgré lui ses petits yeux se ferment, sa petite tête se cache sous la petite aile et le pauvre petit être s'endort, croyant toujours fixer son Astre Chéri. À son réveil, il ne se désole pas, son petit cœur reste en paix, il recommence son office d'amour, il invoque les Anges et les Saints qui s'élèvent comme des Aigles vers le Foyer dévorant, objet de son envie [...] Ô Verbe Divin, c'est toi l'Aigle adoré que j'aime et qui m'attire, c'est toi qui t'élançant vers la terre d'exil as voulu souffrir et mourir afin d'attirer les âmes jusqu'au sein de l'Éternel Foyer de la Trinité Bienheureuse, c'est toi qui remontant vers l'inaccessible Lumière qui sera désormais ton séjour, c'est toi qui restes encore dans la vallée des larmes caché sous l'apparence d'une blanche hostie... Aigle Éternel, tu veux me nourrir de ta divine substance, moi pauvre petit être, qui rentrerais dans le néant si ton divin regard ne me donnait la vie à chaque instant [...] Aussi longtemps que tu le voudras, ô mon Bien-Aimé, ton petit oiseau restera sans forces et sans ailes, toujours il demeurera les yeux fixés sur toi, il veut être <u>fasciné</u> par ton regard divin, il veut devenir la <u>proie</u> de ton Amour... Un jour, j'en ai l'espoir, Aigle Adoré, tu viendras chercher ton petit oiseau, et remontant avec lui au Foyer de l'Amour, tu le plongeras pour l'éternité dans le brûlant Abîme de Cet Amour auquel il s'est offert en victime.

Au cœur de l'Église:
l'amour

Ma vocation, c'est l'Amour.

Depuis le début de ces entretiens, je suis étonné par l'universalité de ton message, même si tu as vécu dans un cloître, à un siècle si différent du nôtre. Tu n'es pas docteur de l'Église pour rien. Ce que tu as écrit par obéissance s'adresse bien sûr à tes correspondants, mais tous peuvent s'y reconnaître. Tu n'écris pas pour une élite, mais pour une légion de *petites âmes*, c'est-à-dire les gens ordinaires, surtout ceux et celles qui ont de la misère à vivre, les exclus du monde moderne, les stressés de nos sociétés, les angoissés dans leur corps, les saints anonymes de nos cités qui n'ont que leurs blessures pour y faire jaillir la source de la tendresse. Tu as une préférence pour ces petits du Royaume, où le pardon déloge la perfection, où la miséricorde se déploie dans la misère. Tu es la sainte des béatitudes, à la suite de Jésus, car tu es pauvre de cœur, douce, affligée dans l'épreuve, assoiffée de justice, miséricordieuse, pure, artisan de paix, persécutée... Quel bonheur tu nous apportes: folie d'espérer en un Dieu qui n'est qu'Amour. Ta joie est celle d'une vulnérabilité accueillie au pied du Crucifié, joie d'une fragilité qui éclate en gloire au matin de Pâques. Ce que tu écris à l'abbé Bellière, le 21 juin 1897, je le fais mien. Pourquoi cela ne s'appliquerait-il pas à nous aussi?

> J'ai senti que vous deviez avoir une âme énergique et c'est pour cela que je fus heureuse de devenir votre sœur. Ne croyez pas m'effrayer en me parlant «de vos belles années gaspillées». Moi je remercie Jésus qui vous a regardé d'un regard d'amour comme autrefois le jeune homme de l'Évangile [...] Comme moi vous pouvez chanter les miséricordes du Seigneur, elles brillent en vous dans toute leur splendeur [...] Je sais qu'il y a des saints qui passèrent leur vie à pratiquer d'étonnantes mortifications pour expier leurs péchés; mais que voulez-vous, «Il y a plusieurs demeures dans la maison du Père Céleste», Jésus l'a dit et c'est pour cela que je suis la voie qu'Il me trace. Je tâche de ne plus m'occuper de moi-même en rien, et ce que Jésus daigne opérer en mon âme je le lui abandonne.

Est-ce cette attitude d'abandon qui t'attire par-dessus tout?

> C'est l'amour seul qui m'attire.

Oui, mais un amour qui s'abandonne.

> L'amour qui ne craint pas, qui s'endort et s'oublie
> Sur le Cœur de son Dieu, comme un petit enfant.

Est-ce là l'unique bien auquel tu aspires, ce que tu appelles la «science d'Amour»?

> Je ne désire que cette science-là. Pour elle, <u>ayant donné toutes mes richesses</u>, j'estime comme l'épouse des sacrés cantiques <u>n'avoir rien donné</u>... Je comprends si bien qu'il n'y a que l'amour qui puisse nous rendre agréables au Bon Dieu que cet amour est le seul bien que j'ambitionne.

Cette science d'amour s'exprime-t-elle dans tel acte particulier?

> Je tâche de faire que ma vie soit un acte d'amour et je ne m'inquiète plus d'être une <u>petite</u> âme, au contraire je m'en réjouis.

As-tu toujours été consciente de cet amour?

> Vous le savez, ô mon Dieu, je n'ai jamais désiré que vous <u>aimer</u>, je n'ambitionne pas d'autre gloire. Votre amour m'a prévenue dès mon enfance, il a grandi avec moi, et maintenant c'est un abîme dont je ne puis sonder la profondeur. L'amour attire l'amour, aussi, mon Jésus, le mien s'élance vers vous, il voudrait combler l'abîme qui l'attire, mais hélas! ce n'est pas même une goutte de rosée perdue dans l'océan!

Cet amour se réfère à la miséricorde de Jésus, si mal connue du monde. Pourquoi?

> Que la bonté, l'amour miséricordieux de Jésus sont peu connus!... Il est vrai que pour jouir de ces trésors, il faut s'humilier, reconnaître son néant, et voilà ce que beaucoup d'âmes ne veulent pas faire.

D'accord pour l'humilité, mais cet amour miséricordieux de Jésus, il faut en faire l'expérience personnelle, cela ne s'apprend pas dans les livres, d'autres ne peuvent pas la faire à notre place. Pour toi, cette expérience arrive le jour de ta première communion, le 8 mai 1884, alors que tu as onze ans. C'est le bonheur total, la référence mystique dans laquelle tu vas puiser ta force les jours de combat et de sécheresse.

> Ce fut un baiser d'amour, je me sentais aimée, et je disais aussi: «Je vous aime, je me donne à vous pour toujours.» [...] Ce jour-là ce n'était plus un regard, mais une fusion, ils n'étaient plus deux, Thérèse avait disparu, comme la goutte d'eau qui se perd au sein de l'océan.

Tu vis intensément le moment présent dans cette certitude d'être aimée d'un amour éternel et personnel. En retour, tu n'as qu'aujourd'hui pour aimer. À chaque jour suffit sa peine, n'est-ce pas? Tu t'efforces donc de prendre l'événement tel qu'il arrive et d'y voir la volonté de Dieu, d'y discerner les signes des temps, selon l'expression du concile Vatican II. C'est ce qu'on appelle le sacrement de l'instant présent. Tu es convaincue que Dieu est tout entier dans l'événement que tu vis et qu'il ne peut y avoir d'expérience de Dieu qui ne soit liée à ton existence concrète. Dieu te donne à chaque instant le courage dont tu as besoin. Ton poème *Mon chant d'Aujourd'hui* en témoigne.

> Si je songe à demain, je crains mon inconstance
> Je sens naître en mon cœur la tristesse et l'ennui.
> Mais je veux bien, mon Dieu, l'épreuve, la souffrance
> Rien que pour aujourd'hui.

Il n'y a pas de temps mort dans ton quotidien, puisque tu charges chaque instant d'un poids d'amour qui donne à la vie sa densité. N'est-ce pas là le secret du bonheur?

> L'unique bonheur sur la terre c'est de s'appliquer à toujours trouver délicieuse la part que Jésus nous donne.

Cette part que tu trouves délicieuse vient aussi de la prise de conscience de l'habitation de la Trinité en toi, de l'envahissement de son amour par l'Esprit Saint, la vie de ton cœur. C'est l'Esprit qui t'inspire lorsque tu lis les Écritures, c'est encore lui qui agit par la présence de Dieu en ton cœur.

> Il faut que le vrai Dieu l'habite par Lui-même
> Il faut que l'Esprit-Saint soit la vie de ton cœur.

Ta vie est profondément trinitaire. Elle est à l'image du Dieu-Trinité: un circuit d'amour. Jésus n'est jamais seul; il nous entraîne vers le Père dans le souffle de son Esprit. Pour toi, le Bon Dieu, c'est la Trinité, et son désir est d'habiter le cœur imparfait de sa créature.

Tout est relation en Dieu Père, Fils et Esprit. Tu participes à cette relation en laissant la Trinité t'envahir et en participant à son désir d'envahir chaque être humain.

> Quel bonheur de penser que le Bon Dieu, la Trinité tout entière nous regarde, qu'elle est en nous et se plaît à nous considérer [...] Notre Dieu, l'hôte de notre âme le sait bien, aussi vient-Il en nous dans l'intention de trouver une demeure, une tente VIDE au milieu du champ de bataille de la terre.

Cette convivialité dans la Trinité te remplit de désirs immenses. Ton cœur brûlant d'amour veut aimer avec le cœur même de Dieu. Pour ce faire, tu le laisses aimer en toi, exauçant son désir de répandre les flots de sa tendresse infinie. Ce désir de Dieu te fait chercher ta vocation dans l'Église. Cela prend la forme d'un dialogue mystique avec Jésus dans le *Manuscrit M*. Il est plus facile pour toi d'exprimer tes pensées en parlant directement à Jésus, en le tutoyant, comme tu le fais dans tes poésies.

> Ah! pardonne-moi Jésus, si je déraisonne en voulant redire mes désirs, mes espérances qui touchent à l'infini, pardonne-moi et guéris mon âme en lui donnant ce qu'elle espère!!!... Être ton épouse, ô Jésus, être carmélite, être par mon union avec toi la mère des âmes, cela devrait me suffire... il n'en est pas ainsi... Sans doute ces trois privilèges sont bien ma vocation, Carmélite, Épouse et Mère, cependant je sens en moi d'autres vocations, je me sens la vocation de Guerrier, de Prêtre, d'Apôtre, de Docteur, de Martyr; enfin, je

sens le besoin, le désir d'accomplir pour <u>toi, Jésus</u>, toutes les œuvres les plus héroïques... Je sens en mon âme le courage <u>d'un Croisé, d'un Zouave Pontifical</u>, je voudrais mourir sur un champ de bataille pour la défense de l'Église...

La vocation de prêtre, toi, une femme? Voici ce que tu confies à Jésus.

Je sens en moi <u>la vocation de Prêtre</u>, avec quel amour, ô Jésus, je te porterais dans mes mains lorsque, à ma voix, tu descendrais du Ciel... Avec quel amour je te donnerais aux âmes!... Mais hélas! tout en désirant d'être <u>Prêtre</u>, j'admire et j'envie l'humilité de St François d'Assise et je me sens la <u>vocation</u> de l'imiter en refusant la sublime dignité du <u>Sacerdoce</u>.

Tu ressens aussi la vocation d'être docteur, ce que tu es devenue officiellement depuis 1997, d'être missionnaire dans tous les continents, ce que tu réalises d'une manière unique par la pérégrination de tes reliques.

Ah! malgré ma petitesse, je voudrais éclairer les âmes comme <u>les Prophètes, les Docteurs</u>, j'ai la <u>vocation d'être Apôtre</u>... je voudrais parcourir la terre, prêcher ton nom et planter sur le sol infidèle ta Croix glorieuse, mais, ô mon <u>Bien-Aimé</u>, une seule mission ne me suffirait pas, je voudrais en même temps annoncer l'Évangile dans les cinq parties du monde et jusque dans les îles les plus reculées... Je voudrais être missionnaire non seulement pendant quelques années, mais je voudrais l'avoir été depuis la création du monde et l'être jusqu'à la consommation des siècles... Mais je voudrais par-dessus tout, ô mon Bien-Aimé Sauveur, je voudrais verser mon sang pour toi jusqu'à la dernière goutte...

En véritable chercheuse de Dieu, les questions créent en toi du sens. Tes désirs ne te laissent pas de repos. Ici encore, la Bible va t'éclairer. Et c'est saint Paul qui te met sur la piste, «notre cher frère Paul» (2 Pierre 3, 15), qui a dressé la table de sa parole à côté de la table eucharistique. Que serais-tu devenue sans la lecture de ses épîtres?

À l'oraison mes désirs me faisant souffrir un véritable martyre, j'ouvris les épîtres de St Paul afin de chercher quelque réponse. Les chap. XII et XIII de la première épître aux Corinthiens me tombèrent sous les yeux... J'y lus, dans le premier, que <u>tous</u> ne peuvent être apôtres, prophètes, docteurs, etc... que l'Église est composée de différents membres et que l'œil ne saurait être en <u>même temps</u> la main...

La réponse de Paul ne semble pas combler tes désirs.

Comme Madeleine se baissant toujours auprès du tombeau vide finit par trouver ce qu'elle cherchait, ainsi, m'abaissant jusque dans les profondeurs de mon néant je m'élevai si haut que je pus atteindre mon but... Sans me décourager je continuai ma lecture et cette phrase me soulagea: «<u>Recherchez avec ardeur les</u>

dons les plus parfaits, mais je vais encore vous montrer une voie plus excellente.» Et l'Apôtre explique comment tous les dons les plus parfaits ne sont rien sans l'AMOUR... Que la Charité est la voie excellente qui conduit sûrement à Dieu.

Tu trouves finalement ce que tu cherches et, par le fait même, ta vocation profonde.

Enfin j'avais trouvé le repos... Considérant le corps mystique de l'Église, je ne m'étais reconnue dans aucun des membres décrits par St Paul, ou plutôt je voulais me reconnaître en tous... La Charité me donna la clef de ma vocation. Je compris que si l'Église avait un corps, composé de différents membres, le plus nécessaire, le plus noble de tous ne lui manquait pas, je compris que l'Église avait un Cœur, et que ce Cœur était brûlant d'Amour. Je compris que l'Amour seul faisait agir les membres de l'Église, que si l'Amour venait à s'éteindre, les Apôtres n'annonceraient plus l'Évangile, les Martyrs refuseraient de verser leur sang... Je compris que l'Amour renfermait toutes les Vocations, que l'Amour était tout, qu'il embrassait tous les temps et tous les lieux... en un mot qu'il est Éternel!... Alors dans l'excès de ma joie délirante, je me suis écriée: Ô Jésus, mon Amour... ma Vocation enfin je l'ai trouvée, ma vocation, c'est l'AMOUR!

Ton grand rêve vient de se réaliser.

> Oui j'ai trouvé ma place dans l'Église [...] dans le Cœur de l'Église, ma Mère, je serai l'<u>Amour</u>... ainsi je serai tout... ainsi mon rêve sera réalisé!

C'est l'euphorie, la joie délirante dans ton cœur.

> Pourquoi parler d'une joie délirante, non cette expression n'est pas juste, c'est plutôt la paix calme et sereine du navigateur apercevant le phare qui doit le conduire au port... Ô Phare lumineux de l'amour, je sais comment arriver jusqu'à toi, j'ai trouvé le secret de m'approprier ta flamme.

Ta devise personnelle, «l'amour ne se paie que par l'amour», inspirée de Jean de la Croix, prend ici son sens plénier. Tu rends amour pour amour, au cœur même de l'Église. Spontanément, tu parles à Jésus.

> Moi je suis l'<u>ENFANT</u> de l'Église, et l'Église est Reine puisqu'elle est ton Épouse, ô Divin Roi des Rois... Ce ne sont pas les richesses et la Gloire (même la Gloire du Ciel) que réclame le cœur du petit enfant... La gloire, il comprend qu'elle appartient de droit à ses Frères, les Anges et les Saints... Sa gloire à lui sera le reflet de celle qui jaillira du front de sa Mère. Ce qu'il demande, c'est l'Amour... Il ne sait plus qu'une chose, t'aimer, ô Jésus... Les œuvres éclatantes lui sont interdites, il ne peut prêcher l'Évangile, verser son sang... mais qu'importe, ses frères travaillent à sa place, et lui, <u>petit enfant</u>, il se tient tout près du <u>trône</u> du Roi

et de la Reine, il AIME pour ses frères qui
combattent... Mais comment témoignera-t-il son
Amour, puisque l'Amour se prouve par les œuvres? Eh
bien, le petit enfant jettera des fleurs, il embaumera de
ses parfums le trône royal, il chantera de sa voix
argentine le cantique de l'Amour.

Jeter des fleurs... C'est ce que tu faisais lorsque, enfant, tu lançais
des pétales de rose en direction de l'hostie lors de la fête du Très
Saint Sacrement. Aujourd'hui, tu jettes des fleurs au lieu de faire des
œuvres éclatantes; tu jettes des fleurs pour témoigner ton amour,
pour la seule joie de l'Aimé. Tu agis en amoureuse, et l'amour, c'est
connu, s'exprime par des fleurs et des poèmes. Faire plaisir à Jésus,
voilà ton but. Tu t'adresses à lui comme à un ami.

Jésus, à quoi te serviront mes fleurs et mes chants?
Ah! je le sais bien, cette pluie embaumée, ces pétales
fragiles et sans aucune valeur, ces chants d'amour du
plus petit des cœurs te charmeront.

Cela peut sembler doucereux, mais, comme on l'a déjà vu avec l'al-
légorie du petit oiseau, il se cache ici une solide théologie pratique
et spirituelle. Jeter des fleurs pour toi, c'est ne laisser passer aucun
petit sacrifice, comme un regard, une parole, un sourire qui font
plaisir à l'Église. Ces fleurs sont les petits riens du quotidien.

Ces riens te feront plaisir, ils feront sourire l'Église
Triomphante, elle recueillera mes fleurs effeuillées par
amour et les faisant passer par tes Divines Mains,
ô Jésus, l'Église du Ciel, voulant jouer avec son petit

enfant, jettera, elle aussi, <u>ces fleurs</u> ayant acquis par ton attouchement divin une valeur infinie; elle les jettera sur l'Église souffrante afin d'en éteindre les flammes, elle les jettera sur l'Église combattante afin de lui faire remporter la victoire!

Ainsi, c'est Jésus seul qui donne une valeur à tes actes en les touchant. Et ces actes appartiennent à l'Église tout entière, cette communion des saints où l'on reçoit des autres le mystère même de l'amour. C'est ce que tu fais, Thérèse, en répandant une pluie de roses sur la terre. C'est pour cela qu'ici-bas tu jettes des fleurs en chantant, même dans l'épreuve où l'image du Paradis n'est plus qu'un lointain souvenir.

Je veux souffrir par amour et même jouir par amour, ainsi je jetterai des fleurs devant ton trône, je n'en rencontrerai pas une sans <u>l'effeuiller</u> pour toi... puis en jetant mes fleurs je chanterai, (pourrait-on pleurer en faisant une aussi joyeuse action?), je chanterai, même lorsqu'il me faudra cueillir mes fleurs au milieu des épines et mon chant sera d'autant plus mélodieux que les épines seront longues et piquantes.

Cette jouissance de l'amour te comble déjà de joie ici-bas, même si c'est un martyre. Alors, ça vaut la peine d'y croire. C'est le pari de Pascal. Comment cela pourrait-il ne pas être vrai puisqu'il est si beau, si pacifiant, si doux de croire, d'espérer et d'aimer?

Mes immenses désirs ne sont-ils pas un rêve, une folie?... Ah! s'il en est ainsi, Jésus, éclaire-moi, tu le sais, je cherche <u>la vérité</u>... si mes désirs sont téméraires, fais-les disparaître, car ces désirs sont pour moi le plus grand des martyres... Cependant je le sens, ô Jésus, après avoir aspiré vers les régions les plus élevées de l'Amour, s'il me faut ne pas les atteindre un jour, j'aurai goûté plus de <u>douceur dans mon martyre, dans ma folie</u>, que je n'en goûterai au sein des <u>joies de la patrie</u>, à moins que par un miracle tu ne m'enlèves le souvenir de mes espérances terrestres. Alors laisse-moi jouir pendant mon exil des délices de l'amour. Laisse-[moi] savourer les douces amertumes de mon martyre... Jésus, Jésus, s'il est si délicieux le <u>désir</u> de <u>t'Aimer</u>, qu'est-ce donc de posséder, de jouir de l'Amour?

C'est ce que tu vis actuellement dans la beauté du Royaume de Dieu. Tu es dans la pleine possession de l'amour du Dieu-Trinité. Tu es enfin connue dans son amour. Et cet amour veut que tous soient près de toi. Aussi tu passes ton ciel à nous accompagner dans notre quête de Dieu. Tu l'as promis au père Roulland et tu tiens toujours tes promesses, puisque Dieu réalise tes désirs. Ainsi en est-il de ton amour pour chacun de nous.

Votre petite sœur tiendra ses promesses, et qu'avec bonheur son âme, délivrée du poids de l'enveloppe mortelle, volera vers les lointaines régions que vous évangélisez. Ah! mon frère, je le sens, je vous serai bien plus utile au Ciel que sur la terre.

Dans cette dernière lettre au père Roulland, écrite le 14 juillet 1897, tu exprimes ton grand souhait de passer ton ciel à faire du bien sur la terre en irradiant l'amour du Christ. Tu sais qu'au Ciel tu pourras encore plus aider tes amis dans leur action apostolique. N'es-tu pas patronne des missions, sur la terre comme au ciel, puisque tu es l'amour au cœur de l'Église?

> Je compte bien ne pas rester inactive au Ciel, mon désir est de travailler encore pour l'Église et les âmes, je le demande au bon Dieu et je suis certaine qu'Il m'exaucera. Les Anges ne sont-ils pas continuellement occupés de nous sans jamais cesser de voir la Face divine, de se perdre dans l'Océan sans rivages de l'Amour? Pourquoi Jésus ne permettrait-Il pas de les imiter?

Contrairement à la conception statique que l'on se faisait du Ciel à ton époque, c'est-à-dire un lieu de repos et de contemplation, pour toi c'est plutôt le lieu actif du travail et de la mission, l'occasion de continuer ce que tu as si bien commencé ici-bas: vivre d'amour et faire aimer Jésus.

> Si je quitte déjà le champ de bataille, ce n'est pas avec le désir égoïste de me reposer, la pensée de la béatitude éternelle fait à peine tressaillir mon cœur, depuis longtemps la souffrance est devenue mon Ciel ici-bas et j'ai vraiment du mal à concevoir comment je pourrai m'acclimater dans un Pays où la joie règne sans aucun mélange de tristesse.

Tu as vraiment une façon originale de concevoir le Ciel. Tu es cohérente avec ton désir d'enfanter des âmes à Jésus, ta passion de faire aimer Jésus après ta mort. Tu exprimes ce désir dans ta dernière récréation pieuse, écrite pour le jubilé d'or d'une carmélite, sœur Saint-Stanislas des Sacrés-Cœurs. Tu fais ainsi parler saint Stanislas Kostka, mort à dix-sept ans, mettant sur ses lèvres ta certitude de pouvoir travailler sur la terre au salut des âmes.

> Je ne regrette rien sur la terre, et cependant j'ai un désir... un désir si grand que je ne saurais être heureux dans le Ciel s'il n'est pas réalisé [...] Dites-moi que les bienheureux peuvent encore travailler au salut des âmes... Si je ne puis travailler dans le paradis pour la gloire de Jésus, je préfère rester dans l'exil et combattre encore pour Lui!

Ah! cet amour de Jésus... Mais tu le sais, Thérèse, il n'y a pas d'amour véritable, ou d'enfantement, sans souffrance; tu ne peux donc pas concevoir le Ciel sans souffrir pour ceux qui en sont éloignés, sans donner cet amour même de Dieu que tu reçois en abondance.

> Il faudra que Jésus transforme mon âme et lui donne la capacité de jouir, autrement je ne pourrai pas supporter les délices éternelles.

C'est que tu as une âme de guerrière et d'apôtre. Et puis, n'es-tu pas déjà unie à Jésus ici-bas, dans le ciel de ton âme, même si tu souffres la nuit du néant? Certes, cette nuit cessera au Ciel, mais tu veux continuer à travailler à la gloire de Jésus pour le salut des âmes, au moins jusqu'à la fin des temps. L'amour ne te laissera donc aucun repos. Le Ciel devient vraiment le prolongement de ta mission sur la terre. Est-ce vraiment cela qui t'attire au Ciel?

> Ce qui m'attire vers la Patrie des Cieux, c'est l'appel du Seigneur, c'est l'espoir de l'aimer enfin comme je l'ai tant désiré et la pensée que je pourrai le faire aimer d'une multitude d'âmes qui le béniront éternellement.

Tu peux ainsi nous aider plus efficacement et nous exaucer sur la terre. C'est encore ta façon de «jeter des fleurs», ou d'envoyer une pluie de roses, symbole de l'action de Dieu, que tu répands depuis plus d'un siècle sur les cinq continents. C'est toujours l'amour qui te guide; aimer et être aimée au ciel en ne t'éloignant pas de la terre.

> Vous n'aurez pas le temps de m'envoyer vos commissions pour le Ciel, mais je les devine et puis vous n'aurez qu'à me les dire tout bas, je vous entendrai et porterai fidèlement vos messages au Seigneur, à Notre Mère Immaculée, aux Anges, aux Saints que vous aimez.

Tu es ainsi présente à travers le monde, agissante comme pas un dans ce beau mystère de la communion des saints.

> Je vous promets de vous faire goûter après mon départ pour l'éternelle vie ce qu'on peut trouver de bonheur à sentir près de soi une âme amie.

Tu es notre amie, Thérèse. Aujourd'hui, plusieurs d'entre nous cherchent plus que jamais un sens à leur vie, embourbés dans un grand vide spirituel. Tu sais par expérience que le désir d'aimer est le seul qui comble vraiment. Pour toi, vivre, c'est aimer en se laissant envahir par l'amour du Dieu-Trinité. Tu unifies tout dans ce «vivre d'amour», selon le titre d'un de tes poèmes, dont voici trois strophes pour terminer ce dernier entretien. Il ne nous reste plus qu'à continuer de converser avec toi dans le silence de notre cœur, à méditer tes textes et tes paroles, toi qui as promis d'être toujours avec nous pour nous partager ton amitié et celle de Jésus. Merci Thérèse.

Vivre d'Amour, c'est bannir toute crainte
Tout souvenir des fautes du passé.
De mes péchés je ne vois nulle empreinte,
En un instant l'amour a tout brûlé...
Flamme divine, ô très douce Fournaise!
En ton foyer je fixe mon séjour
C'est en tes feux que je chante à mon aise:
«Je vis d'Amour!...»

Vivre d'Amour, c'est naviguer sans cesse
Semant la paix, la joie dans tous les cœurs
Pilote Aimé, la Charité me presse
Car je te vois dans les âmes mes sœurs
La Charité voilà ma seule étoile
À sa clarté je vogue sans détour
J'ai ma devise écrite sur ma voile:
«Vivre d'Amour.»

Mourir d'Amour, voilà mon espérance
Quand je verrai se briser mes liens
Mon Dieu sera ma Grande Récompense
Je ne veux point posséder d'autres biens.
De son Amour je veux être embrasée
Je veux Le voir, m'unir à Lui toujours
Voilà mon Ciel... voilà ma destinée:
Vivre d'Amour!

Épilogue

Une faible étincelle,
ô mystère de vie
Suffit pour allumer
un immense incendie
Que je veux, ô mon Dieu
Porter au loin ton Feu
Rappelle-toi.

De Thérèse à la Trinité

Thérèse, toi l'amour,
qui as avancé librement vers le Dieu Père
dans la confiance d'un enfant qui se sait aimé,
fais que nous ne résistions pas à son envahissement,
que nous ne comptions pas sur nos propres efforts,
pour ne pas ravir à Dieu sa joie de nous aimer.
Apprends-nous l'acceptation de notre petitesse,
afin que surabonde en nous sa miséricorde,
cette circulation d'amour entre le Fils et l'Esprit.

Thérèse, toi l'amour,
qui as révélé la tendresse de Jésus Christ,
en marchant sur une petite voie de sainteté,
éloigne de nous ce qui conduit à la haine.
Nous sommes si faibles et si fragiles,
notre liberté est si souvent enchaînée,
mais regarde notre désir d'aimer,
demande à Jésus de le combler,
pour que nous vivions dans le Père et l'Esprit.

Thérèse, toi l'amour,
qui t'es laissé consumer dans l'Esprit Saint,
prépare-nous à l'accueillir lorsqu'il vient
dans les simples événements de notre vie.
Rends-nous disponibles à sa flamme bienfaisante,
dans le cœur à cœur de la prière silencieuse.
Qu'il creuse en nous la soif de sa présence,
que nous vivions l'Évangile sur les routes du monde,
pour être l'amour dans l'Église avec le Père et le Fils.

Thérèse, toi l'amour,
qui as voulu être la prisonnière du Dieu-Trinité,
aide-nous à répondre au désir brûlant du Père
de faire de notre cœur la demeure de son Fils,
que nous nous asseyions avec toi et l'Esprit
à cette table des pécheurs nos frères
où Dieu est l'hôte bien-aimé de tous,
puisque chacun est unique et précieux,
créé à l'image du Dieu trois fois saint.

Thérèse, toi l'amour,

qui passes ton ciel à nous aimer dans la Trinité,

que tes écrits nous ouvrent à la miséricorde du Père,

que ton regard nous éveille à la beauté du Fils,

que ton sourire nous fasse naître à la vie de l'Esprit,

que ta main nous conduise à la Pâque de l'Église,

pour ta joie, la nôtre et celle de Dieu,

avec Marie, les anges et les saints,

jusqu'au jour des noces éternelles.

Amen.

Références aux textes de Thérèse

Textes cités à partir de l'édition critique de l'*Histoire d'une âme* de Conrad De Meester (Carmel-Edit, 1999):

A   Agnès de Jésus

G   Mère Marie de Gonzague

M   Marie du Sacré-Cœur

Les lettres renvoient aux destinataires des manuscrits, selon la disposition originale des autographes. Cet ordre me semble mieux respecter l'intention de Thérèse et de ses sœurs. Je préfère cette édition, plus près de la vérité historique, à celle du père François de Sainte-Marie, éditée en 1956 sous le nom *Manuscrits autobiographiques*, ainsi que la Nouvelle Édition du Centenaire, les *Œuvres complètes. Thérèse de Lisieux* (Cerf-DDB, 1992).

Exemple: A 35r signifie le manuscrit A (Agnès), recto du folio 35; «v» indique le verso du folio.

Textes cités à partir des *Œuvres complètes. Thérèse de Lisieux* (Cerf-DDB, 1992, éd. 1996):

OC   Œuvres complètes

DE   *Derniers entretiens* (avril-septembre 1897)

LT   *Lettres*, numérotées de 1 à 266

PN   *Poésies*, numérotées de 1 à 54

Pri   *Prières*, numérotées de 1 à 21

RP   *Récréations pieuses*, numérotées de 1 à 8

Les abréviations OC et le chiffre suivant chaque référence renvoient à la page des *Œuvres complètes*. Les sigles utilisés renvoient aux œuvres de Thérèse en référence à l'édition des *Œuvres complètes*.

Nous présentons ici le numéro de la page, le début de la citation et sa référence exacte dans les écrits de Thérèse.

Le secret de Thérèse: vivre d'amour

Chanter les miséricordes du Seigneur: l'écriture

Une petite voie de sainteté: la confiance

L'espérance en la miséricorde: l'abandon

La nuit de la foi: la souffrance

Au cœur de l'Église: l'amour

Épilogue

Table des matières

Du même auteur

Poésie

L'oraison des saisons, Trois-Rivières, Éditions du Bien Public, 1978.

Dégel en noir et blanc, Trois-Rivières, Éditions du Bien Public, 1978.

À la rencontre de mai, Trois-Rivières, Éditions du Bien Public, 1979.

Les heures en feu, Montréal/Paris, Éditions Paulines/Apostolat des Éditions, 1981.

Au clair de l'œil (Prix Marcel-Panneton 1984), Trois-Rivières, Écrits des Forges, 1985.

Icônes du Royaume, petit sanctoral, Montréal et Paris, Éditions du Levain, 1989.

La joie blessée, Trois-Rivières, Écrits des Forges, 1992.

Les lieux du cœur, Montréal, Éditions du Noroît, 1993.

Consentir au désir, Trois-Rivières, Écrits des Forges, 1994.

Marcheur d'une autre saison, Montréal/Chaillé-sous-les-Ormeaux, Noroît/Le Dé bleu, 1995.

Ce jour qui me précède (Prix de poésie de l'Alliance française d'Ottawa-Hull), Montréal, Éditions du Noroît, 1997.

L'empreinte d'un visage (Prix Outaouais-Café Quatre Jeudis), Montréal, Éditions du Noroît, 1999.

Essais

Patrice de La Tour du Pin, quêteur du Dieu de joie, Paris/Montréal, Médiaspaul/Paulines, 1987.

La théopoésie de Patrice de La Tour du Pin, Montréal/Paris, Bellarmin/Cerf, 1989.

Les défis du jeune couple (Traduit en espagnol, italien, néerlandais et portugais), 4e éd. (1999), Paris, Éditions Le Sarment-Fayard, 1991.

Les mots de l'Autre, Paris/Montréal, Médiaspaul/Paulines, 1993.

Que cherchez-vous au soir tombant? Les hymnes de Patrice de La Tour du Pin, Paris/Montréal, Cerf/Médiaspaul, 1995.

Thérèse de l'Enfant-Jésus, docteur de l'Église, Sillery, Éditions Anne Sigier, 1997.

L'expérience de Dieu avec Jean de la Croix, introduction et textes choisis, Montréal, Éditions Fides, 1998.

Prier 15 jours avec Patrice de La Tour du Pin, Paris, Éditions Nouvelle Cité, 1999.

Pèlerin en terre d'exil, Sillery, Éditions Anne Sigier, 1999.

La crise de la quarantaine (Traduit en italien), Paris, Éditions Le Sarment-Fayard, 1999.

L'expérience de Dieu avec Paul de Tarse, introduction et textes choisis, Montréal, Éditions Fïdes, 2000.

Récit

Toi, l'amour. Thérèse de Lisieux (Traduit en italien), Sillery, Éditions Anne Sigier, 1997.

Le voyage de l'absente, Ripon, Écrits des Hautes-Terres, 1999.

Roman

Le secret d'Hildegonde, Hull, Éditions Vents d'Ouest, 2000; Paris, Éditions Le Sarment, 2001.